大人，你不懂孩子

未来のだるまちゃんへ

〔日〕加古里子 著　梅英 译

山东人民出版社·济南

国家一级出版社　全国百佳图书出版单位

面向院子的工作室。

隔壁房间的窗户上有着《乌鸦面包店》的贴画。

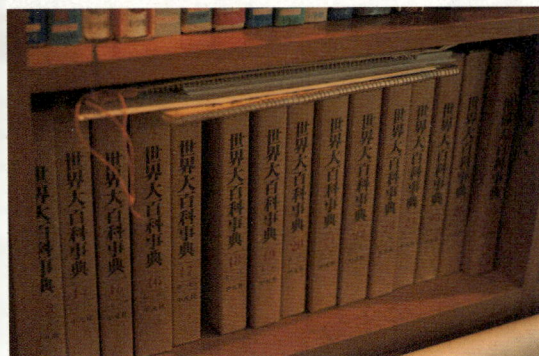

工作室的书架上摆放了很多书籍。

《小偷学校》手绘封面。

单黑（后来加了黄色）的连环画剧版本的《小偷学校》。绘本里"呼呼大睡，好好学习"的标语变成了"呼呼大睡，多偷东西"。

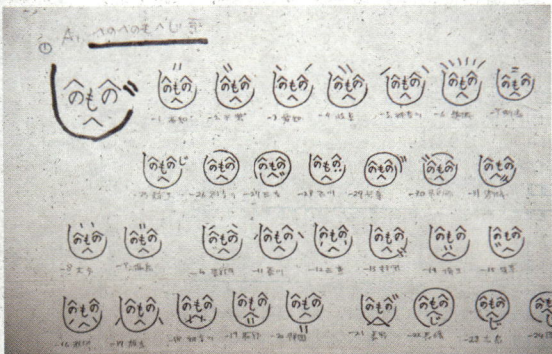

作为毕生的事业，加古里子先生一直持续收集整理儿童画画歌，这是其中的《稻草人脸歌》。

手绘《小达摩和小天狗》中的小达摩。

在书桌旁工作的加古里子。

日本战败时，我十九岁。

我不说"战争结束"，而是说战败。战败后态度一百八十度大转弯的大人们，让我感到极其失望和愤慨。

起初为打仗唱响赞歌，战败后却毫无反省之意，而是马上见风使舵，宣扬民主时代的来临，恬不知耻地搭上"顺风车"。

这些人多么浅薄无知、厚颜无耻啊。

而我自己呢，从初二开始，就天真地想当军人。没人怂恿，是我自己做的决定。

我是三兄弟里年龄最小的。就算想继续上学，家里也出不起大学的学费。可要是去了军校，每天都能拿工资。愚钝的我心想，如果成为让人憧憬的航空军官，就能尽快报答父母的恩情了。

一旦决定，就不再犹豫。

开飞机需要的数学和其他理科知识都学了，语文没什么必要，欧洲史、东亚史之类的，记住也没用，就全都舍弃了。

多么浅陋和幼稚，真是愚蠢至极。

后来我才知道，当时放弃的东西，在人的一生里，才是必要的。

历史的进程、社会的动向、政治经济问题，我曾经故意远离这些，等到全部失去以后，再说什么不该如此便为时已晚，全是"马后炮"。

我带着错误的判断，想着只要拼命努力就行了。但日本刚战败，我就绊了一跤，因此改变了人生的道路。

我的近视越来越严重，没法当军人。但如果继续在那条路上走下去，说不定会像同班同学那样，成为飞行员，没准儿还会在亚洲各国犯下罪行。

我那些去了军校的同班同学，于昭和20年（1945年）毕业，都当上了少尉。有些合适的被选为飞行员，后来都死于特攻队。

十九岁，按虚岁来说二十岁，已经是成年人了。

不是小孩子了。当时的大人，包括我在内，无论开战还是战败，都有责任。

当兵的同学都死了，只有我侥幸活了下来。幸存下来的我，难道也不赎罪，就这么碌碌无为、恬不知耻地活下去吗？这么一想，我便觉得自己很可耻，没有出息，是个多余的废人。

这样活下去的话，该怎么度过未来的人生呢？我拼命地想这个问题。

我该怎么做？能做点什么赎罪吗？

没有目标，怎么活下去？

怎样才能活下去？

如今想来，真是自问自答、看不到出路的每一天。

父母健在，不可自杀。自杀也没有意义。

我苦苦追寻心灵的寄托、人生的意义。

大人不可信赖，让人厌倦。而我，也是其中一员。那么，对孩子们来说，我能派上用场吗？我希望他们以我为戒，我想告诉他们：要过无悔的人生。

慢慢地，我开始这么想。

希望未来的小朋友，不要犯我这样愚蠢的错误。要用自己的眼睛看世界，用自己的头脑想问题，要根据自己的判断做决定。希望小朋友们都拥有这样的智慧。

如果能为他们帮上忙，那我侥幸活下来也就有了意义。

昭和20年（1945年），我的人生才终于开始。

孩子们是我活下去的希望。

回首过去，长路漫漫。幸亏一路上有人指引、教导，才勉强走了过来。我是怎样成为绘本作家一直写到现在的，又是走了多少弯路才回到正轨的，我想带着感激的心情，和大家聊聊这一切。

第壹章
我的童年

第贰章
大人和孩子之间

第叁章
最重要的事都是孩子们教我的

第肆章
人与人的较量——作为绘本作家

第伍章
写给未来的小朋友

第壹章

我的童年

孩子们是我的老师

最近，我在家里也戴着帽子。

我戴的是巴拿马帽，有帽檐的。

为什么在家里也戴帽子呢？肯定有人觉得奇怪吧。

其实，这三十年来，由于得了青光眼，我的视力越来越差。左眼几乎看不见，右眼的视野范围狭窄，分不清远近，一不小心就会撞到什么地方。明明是自己家，这么多年很熟悉了，可还是会撞上。没办法，上了年纪就是这样。

所以呢，这时候帽子就派上大用场了。

巴拿马帽都有帽檐，差点儿撞上的时候，全靠帽檐提醒。别小看区区一个帽檐，也能当"盾牌"。

撞在门柱、柜子上，不光是疼，心里还憋屈。真是难为我想到这个好办法，忍不住自夸一下。

听医生说，以前没有这么多得青光眼的。现在人的寿命延长了，眼球却撑不了那么久，累得连连叫苦。

这位医生是日本治疗青光眼的权威，每天一大早，老年人就在他的诊室门口排成了长队。乍一看像是得青光眼的人多了，其实是长寿的人多了。医生还向我展示了得出这个结论的论文。总之就是长寿病呗。

嗯，有道理，原来是这样。与其抱怨，不如把这当成个性。人人都会得病，乍一看像是缺陷，可怎样对待它，却能看出为人的深度。

我今年（2014年）已88岁了，没想到自己能活这么久。

处女作《大坝建成了》是在我32岁时出版的。真是时光如流水，我从事绘本创作已经56年了。

在47岁退休之前，我一直"脚踩两只船"，同时当着公司职员。可能有人说，那你也没干成什么事呀。嗯，您说的没错。

"我想当绘本作家，请让我拜您为师。"每当年轻人这么说，我都会对他们讲："与其找我，不如拜孩子们为师。"

我不是科班出身，没学过画画，一开始的目标也不是当绘本作家。可这份工作我却干了这么久，多亏了生活中遇到的小朋友。他们才是我的老师。

活生生的孩子可不是大人想当然的那样。关于这一点，爸爸妈妈们都深有感触吧。

大人们使劲训斥："你给我老实点!"可小孩子才不会听呢。

孩子就是一种整天哇哇叫的生物。可以说这就是他们的本性。说脏话，耍脾气，做坏样，孩子就是这样慢慢长大的。

这些理所当然的事，大人总是会忘掉。

的确，在孩子成长的过程中，看似是在耗费、虚度、浪费他们的活力。

没有目标，漫不经心，看起来很没效率。

事实上，这种自由自在、散漫无拘才是最重要的。只有犯错、失败、走弯路，孩子们才能不断成长。

如果大人不分青红皂白，一股脑儿地制止，孩子会觉得压抑，无法自由成长。大人非要把他们嵌在"好孩子"的模型里，反而适得其反。

这些事都是孩子们教给我的。

如果没有遇到他们，我不会当上绘本作家。

拜孩子们为师以后，这一切才开始。

我怎样当上绘本作家的，说到这个，就得聊聊我遇到的那些孩子了。

接下来我要说的就是受到孩子们启发的儿童论。

小达摩身上有小朋友的影子

先从小达摩的故事开始说起吧。

我画的《小达摩和小天狗》是本长销书，深受读者喜爱。后来以小达摩为主角，出版了一系列作品，有《小达摩和雷神》《小达摩和小兔子》等。

达摩是日本的传统玩具，我是怎么想起来把它画在绘本上的呢？这件事的来龙去脉，我在后面会提到。

达摩是有原型的，但不是一个人。

小达摩身上有我遇到的那些孩子的影子。

没有一个是所谓的品行端正的好孩子，全是些让人气得牙根儿痒痒的捣蛋鬼。那些让人恨得咬牙切齿的地方，反而让我真切感受到了他们的活力。

乖乖听老师和大人话，如同完美道德典范的孩子，纵然是优等生，也有些奇怪。太老成了，没有"人味儿"。站在教书育人的立场，没准儿会觉得这样很好。事实却并非如此。

真有这样听话懂事的孩子，反而让人担心他是不是太压抑了，什么事都憋着说不出口。

乖孩子固然好。可那些所谓的坏孩子，也在按照自己的方式，学习接受挑战，努力活着。能够看到这一点，才是真正的教育。如果只宠爱那些好调教的孩子，无法称之为教育。只关注优等生、好孩子，会忽视很多东西。

积累各种各样的经验，有时会犯错，被大人斥责，会气得噘着小嘴，但这才是活生生的孩子。有时候还会偏离轨道，但像这样不断地犯错、摸索着成长，我觉得很好。

我的绘本里的小达摩，不是所谓的优等生。看起来长着胡子，却很爱撒娇，不讲道理，说话做事都很孩子气，相当于学龄前五六岁的小孩。

小达摩还是个孩子，看到小天狗的东西，羡慕得不得了，回到家就对爸爸老达摩撒娇，闹着想要。

宠爱孩子的老达摩拿出来好多东西，可就是没有小达摩想要的。

小达摩一回到家里就说：

"我想要小天狗那样的扇子。"

老达摩拿出来好多扇子。

"不是这样的呀。"

过了一会儿，

小达摩想到了一个好主意。

——《小达摩和小天狗》

没什么好隐瞒的，其实老达摩也有原型。

我爸特别疼孩子。

可让我来说，却是"不肖之父"。

虽然不像老达摩那样，却因为自作主张，让年幼的我颇为困扰。

老达摩和"不肖之父"

比如说有这么一件事。

爸爸带我去庆典上玩。小孩子嘛，自然每个摊位都想凑热闹。

见我看着小小的不倒翁咔嗒咔嗒地爬上梯子又摔下来，爸爸马上问：

"你想要这个吗？"

我一直盯着那玩具看，心想这种水平我也能做出来。可爸爸明明没钱，却硬要咬牙给我买下来。

"好啦好啦，不要客气啦。"没等我回答，他就买了。都怪我，害得爸爸乱花钱，买了不值当的东西。事到如今，也没法说不要。

"怎么样？高兴吧？"

爸爸笑眯眯地一脸满足。而我握着没打算让他买的玩具，又想哭，又想生气，真是一言难尽。

让爸爸乱花钱了，纵然是小孩子，也会觉得后悔和委屈。

而在我爸看来，他做梦也没想到，出于爱子之心买下的玩具，会让孩子这么难过。

勤劳肯干、忠厚老实的爸爸，是个微不足道的工厂小职员。

每天按时去上班，靠着不多的薪水维持家计，星期天也要修修补补，忙个不停。

我从小看着父亲的背影长大。

爸爸想让三个孩子充分接受教育，可他那微薄的薪水怎么算计也不够。由于我和哥哥相差十二岁，爸爸便想出了一个好主意：先让哥哥学医，等他工作以后，就可以供弟弟妹妹上学了。

　　为此，父亲毫不吝惜地给哥哥买了大量参考书、升学用的杂志，甚至还在院子里装了单杠，好让他锻炼身体。

　　可哥哥既没有拼命学习，也不热衷运动。我心里暗自发怒，抱怨哥哥辜负了父母的好心和期待。

　　哥哥真没用，我可不一样！为了显示这一点，我从小就有眼力见儿。父母还没开口，我就提前准备好了。无论他们想喝茶还是拿蒲团，我一眼就能看出来。

　　我和哥哥相差十二岁，又打不起来架，便想在这些事上拉开差距。

　　从前，一到夏天，装在饭桶里的白米常常会发黄变馊。

　　妈妈总是为爸爸和哥哥准备新鲜的白米饭。变馊的黄米觉得可惜，舍不得扔掉，妈妈就做成茶泡饭自己吃。出于同情，每次我都陪着妈妈一起吃。

　　好在我身体壮实，肠胃又好，这点小事不算什么。

姐姐从小体弱多病，妈妈经常寸步不离地照顾她。我会因此而失落吗？才没有那回事呢。趁此良机，我赶紧钻进厨房，偷吃砂糖，然后再把砂糖拨弄平整，免得被人看出来。

　　那时正是调皮捣蛋的年纪。

　　大概五岁的时候，有一天晚饭是寿喜烧，可把我高兴坏了。我坐在缝纫机椅子上，"哐当当"乱踢一气，玩得正起劲，突然翻了过去，脑袋撞在了脚踏板上。

　　血从头上冒出来，吓得我哇哇大哭。爸爸跑过来，骂了我一顿，"再哭更严重！"当时留下的伤疤现在还有呢。

　　总而言之，父母对我是放养的。这对调皮的我来说，是求之不得。

　　可爸爸却不这么想。

　　对年龄相差悬殊的幼子照顾不周，爸爸心里不忍。为了弥补平时因疏忽造成的损失，有时候他会父爱泛滥，反而让我困扰。

　　记得上幼儿园时，我在走廊上画小星星。

　　对小孩子来说，星星很难画。我画的星星歪歪扭扭，好像小小的枫叶。

爸爸看到，便教我一笔轻松画出五角星的方法。这倒还好，可爸爸看穿了我的小心思——画星星是为了玩打仗游戏时当军人的肩章用。

我一句话也没说，爸爸是怎么看出来的呢？

接下来的一个星期天，爸爸带着我，特意去了福井县百货商场里唯一的玩具店"达摩屋"，给我买了上将肩章和勋章。

卖场里还有中将肩章，上将肩章却只剩最后一个了。

女店员包好以后拿过来，爸爸马上拆开了包装。

"我不是反复叮嘱过吗？千万别弄错！"

爸爸一声断喝，响彻整个卖场。

"盒子都差不多，千万别弄错哦。"爸爸反复叮嘱了好几遍，可他的担心还是应验了。肩章装错了。

上将肩章已经被别的顾客买走了。听店员这么一说，余怒未消的爸爸把她臭骂了一顿。店员不停地低头道歉，身体恨不得缩成一团。

又害得爸爸浪费钱了，我感到很后悔，还牵连店员挨骂，心里也过意不去。胸口堵得要命，恨不得钻进地缝里。

我忘了后来是怎么收场的。但从那以后，我不会再闹着让爸爸给我买东西。真有想要的东西，也煞费苦心地遮掩，以免被爸爸察觉。

　　就算有想要的东西，也只能远远地看一眼，心里想着能不能自己做出来。

　　"小孩子天真无邪，真羡慕呀。"大人这么想，可是小瞧了他们。小孩子虽然年幼，看似无忧无虑，却也在竭尽全力地应对眼前的状况。

　　大人和孩子就这样不断地误会。

　　所以我才说爸爸是"不肖之父"。

大人和孩子的误会

　　还有这么一件事。小学的时候，小孩们流行做模型飞机。卖材料的文具店里挤满了人。

　　是在竹片上贴薄纸做成翅膀，再和单根木棍的骨架粘在一起的简易飞机。做法简单，可做得巧妙的话能飞远，所以流行起来。

　　有一天，我的钱不够，凑不齐原材料。别的孩子做飞机，我就在旁边盯着看。玩具店阿姨心里不忍，就给了我一点材料。"这是剩下的，你用吧。"

总算东拼西凑，做出了自己的飞机。

临时拼凑的材料，不能说完全满意。但好歹是自己做的飞机，心里还是很高兴的。

基础的东西我都学了，做法也仔细看过，制作原理都明白。

没想到爸爸看了我做的飞机，却自作主张地跑到百货商店，买了个豪华的模型飞机回来。

机身是三角骨架，特别豪华，一看就不便宜。

"这么气派的飞机，小家伙一定很开心。"

爸爸一定是这么想着，才咬牙买下的吧。

真是多此一举，又买了个无聊的玩意儿……我非但不高兴，反而很失望。

照我说，三角骨架的飞机看起来很酷，却飞不远。

模型飞机大多用弹性橡胶做动力。当时的橡胶质地粗劣，容易变形。更何况三角骨架的机身很沉，根本撑不起来，扑通一声就掉在了地上。我用竹片做的简易飞机反而飞得更远。有这个我已经很满足了。为了做这架飞机，我还特意省吃俭用攒零花钱。唉，老爸真是不懂小孩的心思。

比起买现成的，自己想办法做出来要开心得多。

就算飞不高，也是自己的失误。再挑战一次更好玩。唉，老爸真是的。

父母百般着想，孩子自然感恩。可惜总是好心办坏事。爸爸特意买的飞机，我当然不能直说。没办法，只好心存感激，默默收下。

> 小达摩气得差点儿哭出来。
> "不对不对，一点儿也不对。
> 我想要脸上长的鼻子，
> 不是盛开的鲜花。"
> "对不起，对不起。
> 老爸大错特错，
> 真是个糊涂虫。"
> 老达摩挠了挠脑袋。
>
> ——《小达摩和小天狗》

在我看来，父母和孩子的误会，不光是我们一家。

周围的孩子差不多也是这种感觉。

父母以为预先读懂了孩子的心思，实际却判断失误，操之过急，反而让孩子伤心。

"不是这样的。""真是不懂我的心思呀。"孩子这么想，也不会说出来。因为知道父母是为自己着想，出于一片好心。否定父母心里过意不去，也会伤了他们的心，所以孩子才憋着不说。

当父母的要是觉得自己最了解自家孩子，那可是大错特错，太自以为是了。

大人不懂小孩的心。

千真万确。

小孩心里难过又悲伤。可当他知道，就连身边最亲近的大人——父母都无法真正理解自己时，才能在纠葛矛盾中接纳一切，在学习中不断成长。

故乡的后山

我出生在福井县的小城武生（现在的越前市）。

从大正 15 年（1926 年）到昭和 8 年（1933 年），我在那里仅仅生活了八年。可要是问我的故乡在哪里，我会毫不犹豫地回答说武生。

小城曾经是国司衙门的所在地。没有经历过地震和战火的洗礼，优雅的建筑一如往昔。小城东边是缓缓流淌的日野川。站在河边，村国山平缓的轮廓线尽览无余。就像歌曲《故乡》里的歌词那样，充满日式风情的景色展现在眼前。

爸爸出生在三重县。从津之工业学校毕业后，他在当年位于宇治的陆军造兵厂的火药制作所工作时，遇到了妈妈，和她结了婚。有了哥哥以后，他们想把日子过得好些。恰好这时，武生建了个新公司，叫大同肥料，正在招聘从事化工类工作的员工。于是我们全家就搬了过去。

最早是住在现在越前市八幡的公司宿舍里。姐姐就是在那里出生的。大正15年（1926年）3月31日，我出生了。

其实我是4月20日生的。但我爸太疼孩子了，担心生在4月，以后上学时可怜，就战战兢兢地把户口上的生日改成了3月31日。孩子刚出生，就欺骗世人，真是无法无天的父母。我姐是2月份出生的，由于体弱多病，推迟了一年入学。难怪父母要改我的生日。

我是后来才听说这事的。虽然年幼，也在心里暗自佩服，孩子刚出生，就考虑得那么长远，我爸妈真伟大。学习的事交给哥哥，反正我是班里最小的，成绩中等就行了。多亏爸妈把我的生日改成 3 月 31 日，我才能这么悠哉。

在追着蜻蜓和鱼儿到处跑的孩童时期，人情味儿浓厚的小城居民给我留下了难忘的回忆。但我心中的原初风景还是那山清水秀的自然。

阴沉沉的天空下，大雪压弯了防雨门板。严冬终于过去以后，我在河岸和林间的草丛里追逐昆虫，在水田和小河里与鳟鱼、蝌蚪玩耍，就这样一天天长大。

如今我依然清晰地记得上幼儿园时在路边玩耍的乐趣。

去工厂的爸爸、上中学的哥哥、读小学的姐姐，每天我们都一起出门。先是到爸爸在河对面的工厂，接着是哥哥上的中学，然后是姐姐读的小学，大家挨个儿走了以后，只剩下我一个人。这时我才能慢悠悠地闲逛。

幼儿园在庙里，离我家有四里路。小孩走得慢，差不多要一个小时。回去的路上花的时间更长。

就算迷路了，只要看到日野川，总能摸到家门口。

我放心地到处乱跑，多亏那些善良的乡民照顾。

款冬、酸模、紫云英。鳟鱼、泥鳅、小蝌蚪。

水还是冷冰冰的。可小朋友早就透过风的味道、阳光的色彩，嗅出了春天的气息，迫不及待地跑到了田间小路上。

到了初夏，采摘刚发芽的白茅草的银穗，用牙嚼烂，品尝酸甜的汁水。早早起床，抢在别的孩子前头，冲到田里，狼吞虎咽地吃着野草莓，沉浸在无比的幸福之中。

等到桑葚变红的时候，催着哥哥摘下来，吃得满嘴都染上了紫色的汁水。

我现在还能画出地图：在哪儿能摘到特别多的野草莓，哪儿有喷泉，哪儿有蝌蚪。

用手脚、身体记住的东西，过多少年都不会忘。

后来，我们搬到了武生车站后面锦町的独门独院里。走到日野川只要三分钟。

大雨过后，水势暴涨。第二天，河滩上会形成很多小水洼。说小也不算小，有六张榻榻米那么大呢。里面是留下的河水和小鱼。小孩子呼啦啦地蹚水进去，追赶小鱼。

用棍子一戳，就迅速地躲到石头后面去的是鰕虎鱼。

小孩都叫它"五里"，因为这种鱼要从河口走五里路才能找到。手疾眼快的孩子徒手就能抓到。更小的孩子两人分工协作，抓着手帕的两端，放入水底，把鱼往上面赶，拿手帕一兜，高兴地喊着："抓到了，抓到了。"

日野川的河滩是孩子们的天然游乐园。万代桥对面我们还没去过呢。

过了河往对面走，有一片特别大的沼泽。哥哥说里面住着一条大鱼，好像是沼泽的主人。听哥哥这么一说，我也想见见那条鱼，便叫上几个朋友，兴高采烈地出了门。

拨开茂密的芦苇丛，透过有自己那么高的摇曳的草叶缝隙，能看到灿烂的阳光下的蓝天。叶子前面卷了起来，摊开一看，发现了缩成一团的蜘蛛幼虫。

我们打算用它当诱饵，吸引那条大鱼。

只去了三个小孩儿，走啊走啊，等到了沼泽，都累坏了。

沼泽比想象中大得多。水很浑浊，不知到底有多深，上面又没架桥。我们实在想不出，该如何在沼泽主人可能待的地方撒下蜘蛛的幼虫。

目标是村国山
开路吧
接着是日野山
加贺白山
终于翻过了富士山
目标是那遥远的
珠穆朗玛峰

（武生乡间的回忆）

日野山

村国山

日野川

万代桥

和哥哥姐姐一起度过的幼时的回忆。

四下里一看，有根树枝伸到了沼泽上方。我心想，爬到那上面，总能想出办法吧。可万一掉下去，那就完蛋了。可能是被吓到了，"不管你了哦"，另外两个小孩儿说完就跑了。

　　就剩下我一个人孤零零的。好危险啊，我这么想着，还是爬到了树上。

　　四周一片寂静。明明一个人影也没有，却觉得有人在看我，真是不可思议。

　　终于爬到了目标附近，我紧紧抱住粗壮的树枝，胆战心惊地撒下了蜘蛛的幼虫。

　　蜘蛛的幼虫"哗啦"一下撒了下去，水面却没有一点波澜。

　　"什么也没有呀。"我"哧溜"一下从树上滑下来。就在这时，平静的沼泽上突然窜出一个黑黑的东西，"啊呜"一口吃下蜘蛛的幼虫，又消失了。

　　说时迟，那时快，我还没来得及确认沼泽的主人是不是鱼呢。

　　后来我一直想着，好想再听一遍那个"啊呜"的声音啊。

自然的教诲

孩子和自然的亲和力，无比鲜活而又奥妙。

该怎么说呢，那是幸福的相遇，特别的情谊，我永远也忘不了和沼泽主人邂逅的瞬间。

幼时，我连一本专门给小孩看的书也没读过，却日日夜夜被"自然"这本大书环绕，熟读它并充分享受了它的恩惠。

孩童时期，也就是人类这种生物的幼年时期，和自然亲密接触是最好的。

不是广阔的大自然，而是小小的自然。

小小的自然刚刚好。

小小的自然就是，小朋友能碰触青鳉鱼、鰕虎鱼的这样的环境。而有着巨型鲨鱼、难以驾驭的大自然，在幼年期并没有必要。

小朋友能独立应对的、触手可及的小小的自然，才适合提高他们的能力。

最近流行生态学、环境保护之类的，有人可能觉得在人工庭院里搭个塑料大棚就行了。很遗憾，这样可不行。时而阳光普照，时而刮风下雨，会有各种各样的事情发生，这才是真正的自然。

电影或者电视剧里，会出现连一只虫子也没有的镜头。在现实生活中，这是不可能的。

过度干净，只存在无机物的世界，我觉得并不适合生物茁壮成长。

有蝴蝶，还有蚱蜢。

当然也有飞蛾和蟑螂。这才是自然。

小朋友想去抓蚱蜢，蚱蜢为了逃脱，分泌出茶色液体。"哇!"小朋友感到很惊讶。这才是生物间的正面交锋。

童年里这样的瞬间，能让小朋友吸纳很多养分，支撑他们的成长。

武生的自然，为我留下了温柔的记忆碎片。

那还是上幼儿园的时候。

有一天，爸爸冷不丁地把年幼的我带到河堤边上，拔了根狗尾草，把穗子撕开，塞进鼻孔里。

"怎么样？我是天狗哟。"

狗尾草在爸爸的鼻尖摇曳着。

我惊讶地瞪大了眼睛。

也不知道为什么，爸爸每次表达父爱，都适得其反，让年幼的我很伤心。

可这次他那不经意间的举动，却让我心里充满了新鲜的喜悦。

爸爸还把鼻子上摇曳的狗尾草拔出来，塞进我的鼻子里。

在秋风的吹拂下，狗尾草也在我的鼻尖摇曳着。

每次想起爸爸的时候，最让我难以忘怀的也许就是这寻常的一幕。

时至今日，每次看到狗尾草，我依然能清晰地忆起嘴角那麻酥酥的感觉。心里暖洋洋的，就像喝了口热汤。

夏绪老师

我手头有一张在武生东小学上一年级时拍的合影。

不像现在，拍照和被拍都很寻常。留着光头、童花头的孩子们，瞪着镜头，坐姿端正，显得有些紧张。再仔细一看，发现大家都光着脚。就算去学校的路上穿着橡胶鞋，到了学校、玩的时候也要脱掉。

当时的橡胶鞋在大拇脚趾的地方容易磨烂，总是露着一个洞。

就算这样，也没钱马上买新鞋，只能爱惜着穿。大家都光着脚。玩捉迷藏的时候，都要先把鞋脱掉再跑。

黑白照片上，我穿着妈妈亲手织的格子毛衣，和班主任田边夏绪老师一起，严肃地站在后排，应该也是光着脚的。

身穿和服，微微歪着脑袋的夏绪老师是位温柔的好老师。孩子们都很喜欢她。

没过多久，听说她的孩子来学校了，班里乱成了一锅粥。一到休息时间，就轮流去看小宝宝。

"哇哇大哭呢。"

"刚才喝奶呢。"

我扫了一眼那些打小报告的女孩儿，说："不该做这种事。"这不是我的本意，却变成规劝和告诫的那一方。

说实话，我也好想去看看，却一直忍着不去。

有一天，轮到我值日。扫完地以后，我带着报告去办公室。夏绪老师不在。

"我找一下田边夏绪老师。""你去隔壁办公室看看。"我去那儿一看，发现老师正在给小宝宝喂奶。

"老师，我扫完地了。"

我小心地、远远地喊了一声。

"辛苦了。你看，小宝宝可爱吧？"

老师回过头，让我看小宝宝。

哎呀，怎么办？好像看到了不该看的东西。我慌忙跑回了教室。

一年级快结束的时候，我们班要演话剧。

"向右转！"

只听扮演队长的小孩一声令下，排列整齐的队伍同时转了个方向。只有一个糊涂虫，和大家转的方向正好相反。

观众哄堂大笑。

我开始是演队长的。中途有个孩子多嘴，害得我降了一档去演糊涂虫。

每次都转不对，观众哄堂大笑。"怎么会这样呢？"糊涂虫气坏了。等他好不容易分清左右，每次听到号令，还是转到了反方向。成为大家的笑柄，演这样的角色真不划算。为什么偏偏是我吃亏？想到这里，我又是懊恼，又是难过，心里愤愤不平。

"我觉得一郎同学适合演队长。"

说这话的是代代相传的名门医院院长家的独生女。我本来得意扬扬地演着队长，一听这话，忍不住狠狠瞪了她一眼，气得牙根儿痒痒。"这个家伙真是多嘴！"

后来过了很久，我才知道糊涂虫才是这部戏剧的主角。

当年那个戏剧的原作是什么？在寻找的过程中，我发现了宫泽贤治在花农学校当老师时写的戏剧《饥饿阵营》。

虽然不是完全一样，可《饥饿阵营》也是以军营为背景的幽默喜剧，是宫泽贤治所写的戏剧中最广为人知的一部。

士兵们筋疲力尽，饿着肚子，可让他们苦苦等了好久的香蕉将军却肚子鼓鼓的，像是刚吃了顿大餐，而且军服上还挂着甜点勋章、水果肩章。士兵们一看，马上央求："请让我们欣赏一下勋章。"大家伙分着吃光了勋章。

观众们看到这一幕都会笑。但是长期侵袭东北地区的冻灾却很严重，甚至有人饿死。这部剧写于大正11

年（1922年），在前一年，就发生过严重的冻灾。在花卷的农业学校担任教师的宫泽贤治不可能不知道这件事。《饥饿阵营》看似是喜剧，核心却是辛辣的讽刺。

照这么说的话，我演的那个糊涂虫士兵也不光是笑柄了。昭和5年（1930年）到昭和9年（1934年），以东北地区为中心，发生了严重的饥荒，被称为"昭和东北大饥荒"，灾情极为严重。据说东北出身的士官们不忍心看到故乡的惨状，才发动了"二二六"事变。

对饿死的灾民视若无睹的香蕉将军简直就是当年冷酷现实的化身。

这部剧的指导老师当然是班主任田边夏绪老师喽。

温柔地给孩子喂奶的和善的老师，到底哪来的这么强烈的反抗精神？不，正是因为有年幼的孩子，才会想着反抗吧。

战争的足迹

从大正15年（1926年）到昭和8年（1933年）的这八年里，我在武生长大。时局动荡不安，金融恐慌、皇姑屯事件、"九·一八"事变、退出联合国这一系列事件，就像是日本迈向战争的前奏曲。

而我却在优美的大自然中，悠然自得地度过了幸福的童年。回首看来，拥有如此珍贵的体验，真是上天眷顾。

如今回想起来，幼儿园远足的目的地就是陆军的练兵场，小孩子们已经闻到了战争的气息。

从武生坐火车没多久就能到小镇鲭江。那里有个训练军队的练兵场。我记得陆军练兵场有我们学校的好几倍大，到处开满了蒲公英花。

老兵发号令，新兵打空枪。枪声响彻整个练兵场。小孩们同时捂住耳朵，骚动起来。

三月里暖洋洋的一天。

黄色蒲公英在风中摇曳。

捂住耳朵算什么男子汉。我没有捂耳朵，挑战般地看着这一切。

后来，鲭江的连队要离开了。

很明显是去打仗。

居委会通知为奔赴战场的士兵们送行。当时的情景，就连才上小学一年级的我也忘不了。

为出征的士兵送行，对我来说还是第一次。

"傍晚发车，附近的居民都到车站来吧。"

学校里也这么广播。小孩们回到家后，马上又去了车站。

寒冷的车站里，聚集了大概三十个人。他们手里举着旗子等着。列车开了过来。

士兵们从靖江奔赴舞鹤，再坐船去外地。

挥手的士兵们另一只手上抱着崭新的白布包裹的铁枪。鲜艳的白色历历在目。

围观的人群，不管大人小孩，纷纷挥着旗子，大喊"万岁"。而士兵们没有一个人笑，脸上都露出落寞的神情。

后面是拉货的队伍，军马探出了脑袋，长长的马脸也显得很落寞。

原来出征这么冷清啊。

看来不光是我一个人这么想。

平常玩战争游戏总是格外兴奋的孩子们，回去的路上一声不吭。

那时，我们还不知道"命运"这个词，却从"国民模范"的士兵们庄严肃穆的表情上，通过直觉读懂了某些东西。

不管学校怎么煽动，孩子们早就默默看穿了出征的真正意义。

田边夏绪老师排练戏剧，让我来演糊涂虫士兵，恰好就是这个时候。故事情节也可以理解为在讽刺军队。现在一想，特别惊讶，还真有胆量上演啊。

刚上二年级时的一天，等了好久老师才来。老师穿着正装，坐在讲台上，低头哭了起来。二年级的小孩哪经历过这阵仗，大家都吓了一跳，教室里闹哄哄的。

老师一边抹眼泪，一边说："原以为能陪着大家读二年级，现在却调到了西边的学校。要和大家分开，老师很难过。"

听老师这么一说，有的孩子跟着哭了起来，还有的大声喧哗着跑到走廊上。教室里就像捅开了马蜂窝。刚上二年级，按照制度被任命为级长的我拼命维持着秩序。（顺便说一句，副级长就是我恨之入骨的院长家的独生女。）

那一年的六月，我们一家搬到了东京。不知道继任的老师什么样，也不清楚后来的情况。过了好多年才知道，老师的女儿当年也上二年级。校长出于这个考虑才把老师调走的吧。

孩子们有时玩打仗游戏，有人用竹竿插着破破烂烂的军旗，用绳子绑着。

匍匐前进的小孩，不一会就"扑通"一声倒下了。

这时就有卫生员抬着担架过来。小孩子们完全在复制大人的世界。

我当时还小，只能在后面眼巴巴地看着。但破绳子绑着的军旗还是给我留下了深刻的印象。

孩子们爬到河堤，倒下去，刚爬上去就倒下来。接着又死而复生，继续战斗。

看起来天真无邪，可要说小孩什么也不懂，倒也不见得。

我记得在打仗游戏里当队长的孩子王曾经压低声音跟我说："军队体检的前一天晚上，小安哥多亏喝了酱油，才不用当兵。"

"这是秘密。千万不要跟别人说哦。要不然小安哥就要坐牢了。"孩子王叮嘱了我几句，脸上的表情特别严肃。"这么重要的事干吗跟我说呀？"我心想，可能他憋不住想跟别人说吧。

士兵们看似斗志昂扬，社会陷入了狂热中。乍一看是这样，可人们却在口口相传躲避兵役的偏方：喝点酱油就会发热，征兵体检不过关。还有人真的这么做了。

人们隐约感觉到都不想去打仗，可谁也不敢说出口，免得被骂卖国贼。

上了战场，就要互相残杀。

谁也不说"害怕"，也不能说出来。

在那个时代，所有人都狂热地沉醉在军国主义编造的故事里。而在某个瞬间，大家才会突然流露出真实的想法。

表面的歌舞升平，和人们内心的真实想法是背离的。在这无法逆转的扭曲中，世态走向沉重的深渊。

去东京和阿银的故事

昭和 8 年（1933 年）6 月，在我上小学二年级的时候，哥哥考上了东京高等牙科医学院（现在的东京医科牙科大学）。以此为契机，我们全家搬到了东京。爸爸靠着以前的人脉，在板桥的陆军火药制作所找到了一份工作。

我转到了板桥第一小学。和农村的学校比起来，这里校园狭小，孩子又多，得分成两拨上课。

教室不够，就分成了上午班和下午班。两个班轮流用教室，上午班的孩子中午就放学了。

小孩太多了，这是来东京头一件让我惊讶的事。

以前也跟几个小孩一块儿在河里捉鱼，在岸上追蚂蚱。可东京集体玩游戏的花样这么多，实在让我惊讶。

班上的男孩女孩分成了两个小团体。我心想，东京的小孩真早熟啊。由于我说话带福井方言，老是被人取笑，气得我直骂"混蛋"。

我个头高，腕力大，有人取笑我，我就一把扯过来制服。可班上最坏的阿银总是带着三四个小喽啰，实在难对付。

校园里有一棵很大的枫树。有一天玩球的时候，球恰好撞在树上，果实"哗啦啦"地落下来。

像降落伞一样，真好玩。

农村里长大的我，怎么会错过这么好玩的东西呢。"捡降落伞喽。"说完我就玩了起来。

班里很快流行了起来。大家都抢着收集枫果。

去晚就没了。我起得越来越早。最好趁老师还没来，于是我大半夜就去了学校。

还以为自己肯定是头一个。没想到树下已经蹲着一个人影了。

完了，被人抢先一步。我走过去一看，原来是阿银在树下抽抽搭搭地哭。

"喂，你怎么了?"

阿银也想趁大家没来的时候，在地上捡点枫果。可掉在树下的能有几个呢。阿银就想了一个作战计划，带着棍子爬到树上，"呼啦"一下就能打下来好多。没想到他从树上掉下来，还被棍子砸了腰。

"真可怜。快，爬上来。"

我把阿银背到保健室，每天照顾他。后来我们成了最好的朋友。

我忘不了刚到东京的时候，报纸和广播里不停地播放东北大饥荒的新闻。虽然年幼，我也急得坐立不安。在班里用福井方言呼吁大家救援东北。

那天放学的时候，有三个同年级的孩子找我商量着想个什么办法。让我惊讶的是，其中就有当初转校时欺负我最厉害的阿银。

四个男孩儿商量的结果是，学校后面有间纳豆店，我们帮着卖纳豆，把钱寄到东北。我们马上跑了几趟纳豆商店，央求胖胖的老板娘。

"我们想给东北寄钱，请让我们帮着卖纳豆吧。"

老板娘起初有些惊讶，听着听着就哭了。

"太伟大了！阿姨来帮你们。"

老板娘哭着拿出了许多纳豆。"照这个价钱卖。本钱是这些，把赚的钱寄出去吧。"老板娘还借了筐子给我们。

从那以后，每天放学，我们钻到镇上的每个角落，轮流卖纳豆。

那时候虽然穷，但我们连筐子带纳豆，一星期就卖光了。我们把钱给老板娘送过去。她算得很仔细，就连小学二年级也能看懂。老板娘算完把差价给我们了。

我忘记总共挣了多少钱，只记得头一回自己工作挣钱好兴奋。当时我还想，做生意真的能挣钱啊。

我们想把钱寄给东北的受灾群众，就跑了好远去车站前面的报刊亭，让人家帮忙。我们在报纸上读过，只要把钱交给报刊亭保管，肯定能送到东北。嘴上拜托了几句，也没收据，但小学二年级的我们，还是对此深信不疑。

话说回来，起初捐款不过是少年意气。可是和阿银他们一起，笨拙而又努力地实现理想，结出了小小的果实，这让我觉得有些骄傲。作为转校生的我开始感到，有朋友真好啊。

"希望这笔钱能够平安送到东北。"

记得回去的路上，我们四个人还去神社拜了拜。

东京的孩子们

不管什么时代，混口饭活下去都不容易。

来到东京，我亲眼见证了这一切。

一个雨天，我披着雨衣正准备回家，发现阿银他们一伙鬼鬼祟祟的。

"干什么呢？"我问了一句。

"吓唬吓唬。"

"吓唬吓唬？什么意思？"

我没搞懂，但听起来很好玩，就跟着过去了。

没想到他们埋伏在回家的路上，等女生经过时吓唬她们。

用雨披挡住脸，"呜里哇啦"地在后面追赶，吓得女生哇哇尖叫，还真不是什么有礼貌的事。可我们和女生不在一个班里，平时说不上话，连看一眼的机会都没有。像这样追得她们到处跑，心里当然乐开了花。

我和阿银他们一起淋成了落汤鸡。可心里想着，下雨天也不错。

这下我们可乐坏了。

女生班里有个娇小可爱的女孩儿，我们半开玩笑似的，跟在她后面。

没想到那个女孩儿逃到了宪兵队的宿舍里。阿银他们吓得脸色铁青，赶紧跑回家了。"这下可糟了。"

看样子宪兵队宿舍就是那女孩儿的家。

"有什么呀，宪兵有什么可怕的。"我心里这么想着，探头往里一看，结果被那个女孩儿发现了。

"你还在呢。要来我们家玩吗？"

"啊。嗯。"

我是农村出身的。听人家这么一说，大大咧咧地就进去了。那里简直是另外一个世界。

房间里摆满了赛璐珞的丘比特玩偶，脸上都没有表情。

我吓得倒吸了一口凉气。

"蓝眼睛的玩偶是美国产的赛璐珞。"

也许有人会想起这句童谣吧。原来那女孩儿的妈妈业余搞副业，帮人家画丘比特的表情。

当时，赛璐珞玩具和真丝袜子都是日本出口货物中的明星，为赚取外汇作出了很大的贡献。记得有个作家曾经在赛璐珞玩具厂里工作，记录下了当时一天的工资是七十五钱。

赛璐珞玩具价格高昂，日本的小孩买不起。这些丘比特玩偶最终会渡过大海，和美国的小孩一起玩吧。

我不知道该怎么办好，只能随意看着那女孩儿的妈妈工作。

可能是习惯了，女孩儿的妈妈画起来很熟练。

挨个画完表情，"砰"的一声扔到筐里。这时还会"哗啦"响一下，声音听起来很寂寞。

虽说是东京，可有的人日子过得也不容易啊。

原来混口饭吃是这么回事呀。我仿佛看清了生活的真相。

当年我们在板桥住的房子是木头搭的简陋窝棚。两边的邻居家住着三四间差不多的窝棚，房子互相依偎着，就像个大杂院，中间有口井。

厨房虽说有水管，可井水更加清凉甘甜。一到夏天，小孩们都围在井边玩。

房子简陋，左右邻居就隔着一堵薄薄的墙，说话声什么的都听得一清二楚。孩子们在其中自然就懂得了人情冷暖。

东京的孩子早熟。虽然年幼，但是善于观察，知道父母操劳，懂得他们的辛苦。当年我遇到的那些东京的孩子，给我留下了深刻的印象。

我时常想起住在同一个大杂院里的小安，一直不能忘怀。

前面我也说过，爸爸在陆军火药制造所里上班。

我爸只读了个三重的工业学校，按照当时的标准来说，当不上工程师，只能算个技术员。

工资低，天生一股子认真劲儿，拼命工作，贴补家用。一到星期天，就在家里到处修修补补。我就这样看着父亲的背影长大。

我们住的大杂院里有家大人也在同一个制造所工作，平时偶尔有些往来。那家的父亲是制造所的工人，在外面不喝酒，一回家就喝酒撒酒疯。

　　他家里有四个小孩。

　　老大叫小安，读小学二年级。小安下面还有年幼的弟弟妹妹。

　　有一天傍晚，那家的父亲刚回来没多久，我就听见"噼里啪啦""咣当咣当"的响声。过了一会儿，几个小孩光着脚跳了出来。没地方去，就来我家玩。他们的妈妈准备好晚饭，也偷偷溜了出去。

　　到底去哪儿了呢？我觉得很不可思议。老公没出息，他们的妈妈好像是去熟人那里兼职，帮着做头饰。

　　用镊子把绸缎一片片地叠成小小的花瓣，然后粘在一起，做成簪子。我不知道一朵花需要多少花瓣，但这活儿很精细，干起来可不轻松。

　　在那个时代，女人出去干活儿很少见。国家鼓励妇女在家搞副业。那些当妈妈的靠着手工活儿拼命撑起了整个家。

　　小安性格温和，天性乐观。因为弟弟妹妹小，他特别会照顾人，对别人家的小孩也一视同仁，特别亲热。

一堆小孩在井边玩的时候，他把大家召集起来，在周围捡小石头表演魔术，或者给大家讲故事听。

"看好了，这里有三块小石头对吧？"

用小石头表演的魔术，也没什么了不起的机关，可孩子们还是看得如痴如醉，挤来挤去，都要抢头排看。

"然后像这么一变……看，不见了！"

"哇，为什么呀？为什么呀？"

"怎么会这样呢？"

说真的，小安怎么这么厉害，什么都会呀。

不论是被人欺负的孩子，还是爱哭鬼，大家都最喜欢小安了。

现在想想，小安真是个吸引小孩的高手。

关于小安的回忆

有个词叫"跟屁虫"。

玩躲猫猫的时候，有些特别小的小孩混在里面。就算被捉住，也不能让他们当鬼来抓人。那些小孩就是跟屁虫。大孩子也不嫌弃，允许他们"呜里哇啦"地叫着，跟在后面一起玩。

或许某年某月某日，应该不当跟屁虫了。事实上并没有这条规矩。但通过推算对方成长的速度和自己享受到的乐趣，在不知不觉中，那个小孩就不当跟屁虫了。

我认为这是孩子们的人际关系中自然形成的最棒的规则。

我调查了一下，发现还有各种各样的说法，比如"小跟班"什么的。全国各地都这样。小孩有小孩的世界，大孩子照顾小小孩的时候，必须有领导能力。

欺凌是强者用力量去压制和欺负弱者，而跟屁虫的精神却正好相反。在以自我为中心的弱肉强食的社会里不会出现跟屁虫。

比自己能力弱的小孩，年幼所以能力不足，怎样才能跟他们和谐相处？要考虑周全，安排妥当，同时自己也能玩得开心。这是共存共荣、互惠互助的世界。

怎样安排妥当，这就要看有领导能力的大孩子的本事了。

不知道为什么，就是看那家伙不顺眼，但有时候却必须一起合作。推断每个孩子的能力，把大家统领起来，没这个本事可不行。

在这个过程中学到的东西，步入社会以后，也能派上用场。现在的孩子多半没有这种锻炼的机会，我觉得很可惜。

小孩子从和自己年龄比较接近、介于大人和小孩之间的大孩子身上能学到很多东西。这是只有面对伙伴时才会展现的一面，只靠和家人相处可学不到。

我特别喜欢小安，还有一个很重要的原因是他漫画画得特别好。在报纸背面随便几笔就能画出来一个武士。画得实在太好了，我死乞白赖地央求他送给我。

这样一张画，我一直忘不了。

是看起来很强大的武士，有点像三船敏郎。举着枪"砰"的一声射出去，可子弹却从枪口掉了下来。仔细一看，原来子弹上拴着一根绳子。

小安不仅画儿画得好，还像漫画那样会抖包袱。

为什么我记得这么清楚呢？因为小安把这张画送给我以后，我照着临摹了好几遍。就算现在让我画，感觉也能画出来。当然了，小安比我画得好多了。

那张画是我的宝贝。

等我长大以后，遇到漫画家手冢治虫的时候，忍不住脱口说了出来："小安比您早期的作品画得还要好。"手冢先生被称为漫画之神，而小安才是我最憧憬的人。

越看感觉画得越棒。

怎样才能画出这么好的画呢？

有一天，我突然冒出这个想法，就去求小安。

"收我为徒吧！"

我一个人心里没底，就拽上了阿银和他的三四个跟班。小安笑着说："不行，不行。"死活不肯点头。我那么迷恋小安的漫画，怎么可能轻易放弃呢。

"拜托了！求你啦！"

"画画的时候我在旁边看着就行。只是看看哦。"

我靠着死缠烂打，终于让小安松口了。

梦想终于实现了。我恨不得飞到天上去。

我最早的老师

不管干什么，小安从来不会提前发号施令，让我这样或者那样做。

虽然比我们年龄大，但他从来不摆架子，总是一副随你便的态度，但又不是放任不管。他很细心，把每个小孩都照料得很好。

只要待在小安身边，小孩子们就都是一副悠然自得的模样。

我们在旁边看小安画画的时候，有不懂的地方，他不会手把手地去教，而是巧妙地提示要点，让一直盯着看的我们误以为是自己看懂的。

我越来越喜欢小安了。

小安是最早教我画画的师傅。

爸爸是个酒鬼，妈妈总是低声下气地给人道歉。但在这种环境中长大的小安，作为小孩们的导师却无可非议。

每次出什么问题，有的人总会说："在那种环境中长大的小孩儿，难怪会这样。"我认为不是这样的。家庭环境不错自然好，但不管在什么样的家庭里长大，关键还是看孩子自身的能力、人品和悟性。

"我变成这样都怪爸妈。""没赶上好时代。""世态炎凉啊。"把自己的过错束之高阁，怨天尤人又有什么用呢。

人无法选择出生的地方。

但不管境遇如何，只要自己用心，就能成为性格开朗、善于体谅他人的优秀人才。小安的举动无声地告诉了我这个道理。

和小安的分别突如其来。

我上小学三年级时，小安突然从大杂院里消失了。

他刚小学毕业，肯定是去哪儿干活了。

没有小安的大杂院黯淡无光。就连活蹦乱跳的小孩子都变得垂头丧气。

虽然寂寞，也没有办法。我开始慢慢习惯没有小安的生活。

有一次，我突然见到了小安。

大杂院里没有浴室，大家都去澡堂洗澡。那天我问爸妈要了钱，拿着手巾抱着洗澡桶去了澡堂。

"瞧你干的好事！"

澡堂前面的理发店里传来一声怒吼。我吓了一跳，忍不住朝那边扫了一眼。小安穿着白色工作服，理发店老板正用手戳着他的脑袋。

啊，是小安……我一直好想见他，却只能呆呆地站在那里，一动也不动。我感觉自己像是看到了不该看的东西。

小安应该是住在那家理发店里当学徒了。

刚入门，是在学怎么剪头发吧。

好可怜呀。被老板那样羞辱，肯定好难过。

小安不过是提前步入了社会，我却难过得要命。每次去澡堂，经过那家理发店时，我都是目不斜视地跑过去。

我一星期最多去两三回澡堂，每次去都得经过理发店。我没有特意朝里面看，可一想到小安在里面，就觉得心里憋闷，最后只好绕远路去别的澡堂。

过了没多久，小学四年级的时候，我们又搬家了。后来，我就不知道小安怎么样了。不管做什么都很厉害的小安，没准儿已经成了手艺超群的理发师。

小安送我的那幅画，我一直带在身边。自从小安消失、我们搬家以后，那幅画在很长一段时间里都是我心爱的宝贝。

我上大学那年，发生了东京大空袭。我从小长大的镇子变成了废墟，大杂院、澡堂和理发店都烧光了。

黑狗复仇记

由于小安的影响，我从小就喜欢画画。

从幼儿园开始，就一个人安安静静地画画。

每次画画，爸爸都会发火。

也难怪他会担心，我们家附近就有几个画画的。

萝卜地里搭建了红屋顶的时髦房子，那些就是画家的家。

丈夫画画，太太当模特。乍一看日子过得很滋润，其实靠画画根本活不下去，全靠太太打零工养家糊口。

当时的画家差不多都是给人这种印象。爸爸肯定不希望自己的儿子变成那样。

"你画着玩没事，可不能靠画画糊口。"

爸爸想着要先把苗头掐灭，向我下达了严厉的指令。

我正在乐呵呵地画画玩，不小心被爸爸看到，马上是一连串的责备。"作业做了吗?""有那个闲工夫，还不如学习呢。"可就算这样，我也不想低着脑袋，放弃自己喜欢的事。

小学四年级搬到的新家里有浴室。我负责烧热水。从前烧洗澡水，可不像现在这样，扭下按钮就行了。

要先用纸屑点火，然后加碎木屑，等火烧旺了以后，撒点儿煤灰。火势加大后，放大块的煤炭进去。这样一来，大概要花一个小时的时间。其间要一直坐在灶口，所以时间充裕。只有我一个人。烧黑的炭块最适合画素描了。用烧焦的煤炭在旧杂志上画画，最后只要烧掉，就能销毁"证据"了。

我就这样瞒天过海，顺顺当当地练习了画画。

这么一来，我就更想玩真格的。"明天有考试，我去二楼学习。"嘴上这么说，其实是偷偷创作系列杂志。

它们在战争时期被一把火烧光了。但我现在还记得标题。《汗水和灵魂》《雨伞和灵魂》《竹子和灵魂》……总而言之，这一系列十本手写杂志的刊名，全是某种东西和灵魂的组合。头一个字母都是五十音里每一行的第一个字。虽然不让别人看，但加了点心思却也自得其乐。

个人杂志嘛，内容都是大杂烩。有世态和社会动向的感想，喜欢的名言警句，讥讽社会的漫画，随眼看到的人物的速写。

偏偏赶在我画漫画的时候，妈妈贴心地送来了点心。到底是为什么呢？母亲的第六感吗？

哇，要被发现了。我慌忙藏起来，每次都吓得直冒冷汗。

只要是真心喜欢的事，小孩子无论如何都会想办法做的。

"想做但办不到。"这样的借口可用不上。不管怎样都想干，那就瞒着老师和父母呗。

这点小机灵连小孩都有。可要是没有毅力，就没法提高水平，达成目标。

真心想做的事，不管别人怎么说，都忍不住去做。

把所有的热情和力气都倾注在认定的一件事上，这才是小孩会干的。

说起来惭愧，从小到大，我们家里都没有书。顶多有本词典，小说连一本也没有。真是没文化的家庭。

在小孩们中间流行的《少年俱乐部》，我们家也买不起。我从来没读过。

田河水泡先生的《黑狗复仇记》发行单行本，卖一块钱的时候，我实在想要，就拼命攒着零花钱，准备买一本。

当时公司职员的月薪是一百块。一块钱对小孩来说可不是小数目。终于攒够钱的时候，我马上高兴地冲到了书店。

我心满意足地回到了家。可能是直觉吧，妈妈马上发现了，痛骂了我一顿。

"买这么贵又没用的东西。马上退回去！"

当时可不像现在，宣称漫画也是文化。那时认为漫画很无聊，对孩子的教育没有好处。不管我说什么，妈妈死死咬住那句话："给我退回去！"

"书店里买了就没法退回去。"可是怎么商量也没用。没办法，我只好不情不愿地把书退了回去。

心里虽然愤愤不平，但我可不会轻易放弃。

俗话说：留得青山在，不怕没柴烧。只要不放弃，总会有办法。

当时的东京，板桥那儿有家叫"爱光舍"的牛奶公司的牧场。

那家的少爷叫小光，跟我一个年级。不知道为什么，他跟我关系挺好。

当时男孩都剃平头，只有小光留着小分头，他可是正儿八经的有钱人家的少爷。开阔的院子里不光有牧场，还有气派的西洋馆，其中有个网球场。小光和家人就住在院子里面。

旁边是小光的远房亲戚家气派的洋房。那家的姐姐是个大美人，在上野音乐学校上学，梦想当钢琴家。

每次去小光家玩，女仆都很自豪地说："小姐昨天又练了一晚上的钢琴。"

两家都有女仆。

不论是家里的规模，还是平时做的事，都跟我们大杂院的不一样。

少爷的朋友来玩，仆人端来下午茶。那可真叫豪华，有饼干和红茶。我们住的大杂院里从来没有见过这样的人家。

家里这么气派，小光的房间里还摆满了儿童美术方面的书。当然了，《少年俱乐部》每一期都不缺。

我整天泡在小光家里。《少年俱乐部》每次都是我先睹为快。

我简直像来到了另外一个世界。

吃着美味的点心，看着漫画杂志，真是太开心了。我就这样偷偷弥补了没有买上《黑狗复仇记》的遗憾。

我和小光臭味相投。玩打仗游戏的时候，经常嚷嚷着"侦察兵来了"，偷偷潜入牧场。

我当着年级级长，小光的父母可能觉得我成绩优秀，所以比较认可我。可男孩子嘛，毕竟都喜欢调皮捣蛋。

招惹奶牛，引得它们在后面追赶，把我们吓得哇哇大叫。

在逃跑的过程中，一不小心滑倒了，两人身上都沾满了黏糊糊的牛粪。

互相看着对方的惨状，捧腹大笑。

"你这孩子！跑哪儿玩去了弄成这样？"

回到家，果然不出所料，妈妈气得火冒三丈，把我拽到井边，"呼啦啦"地冲水……可是真好玩呀。

小孩子瞒着大人的眼睛，冲破了生长环境的局限，通过从未体验的冒险和游戏成为共犯。共同拥有秘密，让我们慢慢地成长。

爸爸呀爸爸

昭和 10 年（1935 年）左右，在我读小学的时候，学校开始注重学生的素质教育。这里开始举办盛大的绘画比赛，以学校为单位去参加。

我时不时地入选、获奖，爸爸知道后则苦着脸，那表情真是一言难尽。

想表扬我吧，又怕我骄傲，真是头疼。

我明白爸爸的心情。就算得了奖，也只是悄悄带回家，用它装饰自己的房间。

我读小学四年级的时候，从板桥第一小学转到了板桥第六小学。学校是新建的，老师们的教育观念也很前卫。尤其是美术老师和音乐老师，对工作特别热心。我能在绘画比赛中充分发挥实力，多亏了他们。

选拔画画好的学生，愿意的话，放学以后留下来。三点左右放学，一直写生到四五点，然后由老师来点评。

"你看，这是最暗的地方，要用黑笔用力画。"

老师的建议一针见血。

我心里充满感激。还有比这更高兴的事吗？没有父母的唠叨，可以尽情地画画。回到家装着若无其事的样子，继续学习就好了。

在原来那个学校上音乐课时，上了年纪的老师"呜里哇啦"地弹着管风琴。这家学校大不一样。老师用钢琴弹一个音，测试我们的绝对音感。"刚才的和音是什么?"

"什么是绝对音感?"

"你们随便写三个音符试试。"

到底让我们干什么呢? 真是一窍不通。我知道要做的事很新鲜，就是不知道答案，于是随便写了三个音符。虽然每次都不及格，但我还是很兴奋。

例如，学习《河滩之歌》的时候，老师先在黑板上描绘场景，告诉我们歌里唱的是什么。"想象着那个场景再发声。"

虽然不懂德语，但那时候听的舒伯特的《魔王》，我到现在还能用德语原文唱出来。当时英语禁止使用，但德语可以放心大胆地用。

坏小孩蹦蹦跳跳地跑到走廊里，得意扬扬地唱着听会的歌词。

"爸爸呀，爸爸! 你没听见，
那魔王在给我说些什么?"
"儿啊，安静，你要安静!
那不过是风吹枯叶的声音。"

学习新鲜知识，多好玩。

第贰章

大人和孩子之间

我想开飞机

中学二年级的时候，我立志要当军人。

昭和 13 年（1938 年），我进了板桥区最好的中学，天天泡在图书馆里，博览群书。从幸田露伴到夏目漱石，全部读了个遍。要是没有战争，没准儿我就学文学了。教科书上选的芥川龙之介的文章都不怎么样，但他其他的作品都很棒。不光是小说，我连他的日记都读了。我心想："像芥川龙之介这样的天才，从早到晚都在想着小说的事。不光是坐在书桌前，就连上厕所走路我也得想着，要不然可赶不上他。"现在这依然是我的信条。

没想到二年级那年的六月，负责伦理课的老师让我们准备升学的事。"你们同年级的有几个去了陆军幼年学校和商船学校。前途要自己决定。你们马上十五岁，算是成年人了，好好考虑下自己的未来吧。"

我仔细考虑了一下。

掌握知识和学问固然重要，可我是三兄弟中最小的，就算想上大学，家里也出不起学费。要是去军校，不用交学费，当天领工资，将来还能当军官——当上空军士官，制造最好的飞机，亲自驾驶。以此为目标，就能早点回报父母的恩情了。

当时环境中已经弥漫着军国主义的气氛，但去军校不是父母和老师劝导的，而是我自己做的决定。

我骨子里是个飞机少年，打上小学就着迷于制作飞机模型。既然决定了，那就当日本第一，不，当世界第一的航空士官。

我鼓足了干劲，主动放弃了最喜欢的画画和模型制作，图书馆也不去了，一门心思地锻炼身体，学习数学和理科。我是这么考虑的：进陆军士官学校必考的数学和理科当然要学习，可像东洋史这样需要死记硬背的太无聊，实在提不起劲。还不如锻炼身体，修养身心，为当个模范军人作准备。

没想到四年级体检的时候，我的近视加重，没有报考的资格。

视力必须达到0.8以上才行，我却只有0.3。不管怎样，先推迟一年，明年再努力吧。没想到到了五年级的时候，我连体检的资格都没有了。

不光是这件事让我受到了打击。

一听说我进不了军校，那些一直鼓励我"加油"的老师和校长的态度就变了。当时每个中学里都有附属将校，那些家伙马上翻脸不认人，嘲笑我连军人也当不上。

这让我产生了强烈的反感。

确实，我可能没管理好自己的身体，但当不上军人就不把我当人看，简直是岂有此理。就算当不上军人，也能为国家作贡献。

于是，我决定继续学习理科，将来当技术人员。

恰好在那个时候，日本和英美开战。初战告捷，让整个日本都有些飘飘然。

旧制高中的入学考试，官立（现在的公立）和私立都是只允许参加一次。

考不上就只能当个小兵。要是四年级就考上高中的话，可以少交一年的学费。唉，我真是对不住爸爸。

绝对不能留级。

于是在官立学校考试前夕，我把攒的零花钱拿出来，试着参加私立高中的考试，竟然考上了。考上高中固然高兴，可私立的学费太贵。瞒着父母偷偷报考，这下我可愁坏了。

放榜那天，爸爸因为感冒在床上躺着。

我轻轻推开门，小心翼翼地在他枕边说："我考上了高中，可以去上吗？"爸爸默默地点了点头。我终于松了口气。

没多久，爸爸拿到退休金，辞掉造兵厂的工作，成了陆军代表化学工业统制会（把化学原材料分配给民间和军部）的职员。靠着退休金和涨了点的工资，想方设法给我匀出了学费。这些事爸爸从来没有对我说过。反复改变志向，未曾尽孝，我现在还在后悔。

我高高兴兴地去上学，放眼一看，周围都是富家子弟。这所高中有小学部和中学部，有一半学生是直接升学的有钱人家的少爷。

高一年级有个学长是山本五十六的儿子。他喜欢音乐，经常在讲堂弹钢琴。

看样子我来错了地方。刚入学我就提不起精神。在学费这么高的地方上学，太对不起爸爸了。

不知道是不是家庭的影响，有钱人家的少爷大多很优秀。对我们这种半路考上的人来说，这是特别好的激励。

由于是战时，二年级的时候，我们被集体动员去多摩川的三菱军需工厂，"三班倒"地干活。不用交学费了，还能拿工资。不过给的不是现金，而是战时公债券，能当现金用。但还没用完，战争就结束了，公债券成了废纸。

声乐和中村草田男老师的故事

我在军需工厂用车床制作战车的齿轮。我们分成了早班、午班、晚班，好多同学都没机会见面。

整个班也都散了。

好不容易成了同学，这样太可惜了。我决定制作手写杂志，号召班里的同学多多交流。

在这种世道，我热爱文学的心依然躁动不已。

笔记本计划供应，很难弄到手。我从仓库里扒拉出爸爸的旧的会计簿，在上面写上俳句、短诗、同谱换词的歌曲等各种与文学相关的内容，在同学中间传阅。

杂志名叫《斗篷》。

会计簿上画着密密麻麻的格子，正好方便制作手写版的杂志。我还制作了投稿箱，收集稿子进行编辑加工。我越来越不满足，开始在休息时间里召集大家朗诵诗歌。

早班午休的时候，大家跑到多摩川河边，一起放声高歌。

我们管这叫声乐练习。

我们在河堤排成一队，冲着河面，扯着嗓子放声高歌，似乎是要把心中的憋闷一吐为快。

从前的高中生流行大声唱宿舍歌。我们总是一边唱歌，一边尽情地表现对未来的不安，向着天空释放心情。

那时候，我们大声唱着，其实是在尽情释放无法对人言说的心思。

有一天，我的肚子突然一阵绞痛。

我心里有些纳闷，实在是疼得受不了。

我隐约觉得像是得了慢性盲肠炎，有点担心，去诊所一看，医生说是普通的肚子疼，没有发炎。

我刚松了口气，医生马上说："幸好是出征前肚子疼，你要是入了伍，在战场上得了盲肠炎，那可是不用麻醉直接手术。既然这样，不如干脆割了吧。"

我吓坏了。虽然不想在战场上得盲肠炎，可现在没病却要做手术，心里真不是个滋味。

"啊？不是盲肠炎，也要做手术吗？"

"当然了。我是医生，敢给你打包票。"

我勉强同意做了盲肠手术。刚脱光，医生就来了句："好严重。"我吓了一跳，不是说没有盲肠炎吗？什么好严重？原来，医生是说我身上被跳蚤咬得好严重。

战时军需工厂宿舍的情况可想而知。医院比宿舍干净整洁多了。

由于营养不良，手术伤口化了脓。那一年的六月到九月，我住了三个月的院，不得不又做了一次手术。最早的那个主刀医生和第二次主刀的医生都上了战场。

就在这时，来了位意想不到的客人。

我高中的语文老师，敬爱的俳句诗人中村草田男老师来探望我了。平时没事也模仿着写俳句的我，高兴得恨不得跳到天上。

上课时，老师给我讲《源氏物语》的现代语译文，还模仿书里女人的腔调，说"可不行啊"什么的，连动作神态都惟妙惟肖。

当然了，他的译文也非常精妙。我由衷地钦佩草田男老师。

在那个战争支配人们的全部生活、学习退居其次的时代，比起教书育人，培养打仗时能派上用场的人才的指导方针占据了主导。但仍然有鼓励学生磨炼个性、热心教学的老师，我们总是能通过独特的嗅觉分辨出来，默默地为他们的人品献上敬意。

就算是在战时，我们也懂得教书育人的责任重大。

出现在病房里的草田男老师缠着绷带，留意到枕边我写了一半的《斗篷》，说："这是你编的吗？"

老师"哗啦啦"地翻看着，简单点评了上面刊登的俳句，全部修改了一遍。

"为什么说这句不好呢？你看，句末有两个助词对吧？"

《斗篷》上写了士兵的坏话、对工厂的不满，我还担心老师看到会生气呢，没想到竟然能够得到他一对一的耐心指导，简直是出乎意料的事。

"在这世道，你们学理科的还能办一本文艺杂志，实在很好。以后继续加油。"

得到草田男老师的夸奖，我高兴得忘乎所以。从那以后，只要有俳句会，我都跑去露个脸。

"排除万难种出的南瓜，不吃一口就出征了吗?"

这是为我做第二次盲肠手术的主刀医生的出征饯行会上，我为他写的俳句。

当时闹灾荒，到处贴满了"无论如何都要种南瓜"的标语，鼓励自给自足，多种南瓜。所以我吟诵了这首俳句。

当时我的俳号叫"三斗子"。

没什么好隐瞒的。我的笔名"加古里子"也是效仿中村草田男先生。

"草田男"是三个字，我喜欢的俳人，比如秋樱子、赤黄男、碧梧桐等都是三个字。

我本名叫"中岛哲"，"哲"是"哲学"的"哲"。从上小学以来，没有一个人读对过。可一个字的名字好写好记，挺方便的。没文化的爸爸能起出这么个名字已经不错了。

虽然我和爸爸不一样，老是互相误会，但在我出生的时候，他把我的生日改在三月，给我起名叫"哲"，对此我很感激。

参加俳句会以后，我就把"三斗子"作为俳号。

战时连纸都是计划供应，为了节省纸张和墨水，就连俳句杂志上都开始把三个字缩写成两个字。比如"草田男"变成了"草田"，"秋樱子"变成了"秋樱"。

照这样，"三斗子"就变成了"三斗"，像个酒鬼的名字。

于是我就改成了"里子"。

我的姓"中岛"打电报的时候有个浊音符，变成了五个音。

既然这样，不如简洁点，改成两个字，叫"加古"。

战后，桑原武夫发表了《第二艺术论》，否定了短歌、俳句等传统的短诗型文学。他的观点是，人类种种复杂的情绪和想法不能凝缩成十七个字。我们马上受到了他的影响。不过很遗憾，从那以后，就和草田男老师失去了联络。

战时的一切都混乱无序。很多思想空虚的大人开始随波逐流，言行傲慢，盛气凌人。能够遇到为数不多的充满人情味的人，真是黑夜里的一线光明。

入院期间，出乎意料地得到老师的俳句指导，可以说是非常珍贵的回忆了。战后，和为孩子们创作童话的草田男老师无缘再见，我深感遗憾。

战争的内幕及哥哥之死

人的命运真是不可思议。我在入院期间，了解了战争的内幕。

那是八月份，我快出院了。

被分配到军需工厂的海军士兵因为盲肠炎突然进了医院。

是二十五岁左右的年轻水兵。

我俩住一个房间。他央求说："我刚做了手术，还不太会用这里的马桶。不好意思，我要铺张报纸拉屎，你忍一忍行吗？"

万一负责护理的老婆婆发现，得唠叨很久。我就站起来帮他望风。

从那以后，我们就成了"臭味相投"的哥们儿。我有什么知心话都跟他说，而他也想对人倾诉，于是向我坦白说："其实我参加了中途岛海战，乘坐的是驱逐舰。这事你可不要跟别人说哦。"

昭和 17 年（1942 年）6 月，试图攻占中途岛的日军与美军正面交锋，展开了一场激战。日军受到重创，损失了四艘航空母舰。

也有人说这次战败决定了后来战争的走向。当时却报道说损失微不足道。

而那个水兵这么说："事实完全不一样。我们几乎全军覆没，我侥幸活了下来。为了封口，把我发配到了军需工厂。"

水兵痛骂着指挥官，详细地向我描述了当时的战况。我这才知道，当时并没有如实报道战争的情况。

没多久，我就领教了水兵说的实情。

昭和 19 年（1944 年）7 月，美军攻陷了塞班岛、马里亚纳群岛。东京陷入了 B29 轰炸机的包围圈。轰炸目标从军需工厂和港湾设施转移到了东京市的大街小巷。从那年 11 月开始，东京市里开始遭受频繁的战略性轰炸。

我有生以来第一次看到的飞机云就来自 B29。

日军的飞机没法飞那么高，所以不会形成飞机云。而 B29 却在高空飞翔，可以形成飞机云。

一片飞机云，就明显能看出双方科技水平的差异。

到这个阶段，美军已经看出日军没有迎战能力，就改变作战计划，在低空展开攻击。

昭和 20 年（1945 年）2 月，哥哥因结核病去世。

家里东拼西凑才让哥哥上了医学院，当上了牙医。父亲的灰心沮丧让人不忍直视。在火葬场的时候，他连站都站不起来。

当时又没有车，只能在自行车后面绑上两轮拖车，把哥哥从板桥的家里拉到火葬场。哥哥的遗体躺在拖车上，我在前面推着车。

现在想一想，哥哥真的想当医生吗？对此我表示怀疑。

哥哥笨手笨脚的，不太适合学习需要动手操作的医学。他比我更热爱文学，说心里话更想研究文学吧。

老大当上医生，就能照顾弟妹，自己晚年也有照应，爸爸照他的想法给哥哥铺好了路。可教育要是不适合孩子的资质特点，只会徒增痛苦。哥哥担起身为长子的重任，从来没有诉过苦，最终也没有作为医生大显身手，便抱憾离世。

同一年的 3 月 10 日凌晨，325 架 B29 轰炸机来袭，对东京进行大空袭。

以浅草、本所等满是工厂的下町地区为中心，从低空落下炸弹，把东京烧成了一片废墟。

四月份，我进了东京大学工学部化学系，连一节课也没上过。

一进大学就接到指示，去后乐园的某个地方。学生们齐心协力，一起推倒木造的房子。

空袭的损失不断扩大，火势蔓延也是原因之一。所以我们要疏通房屋的间隔，进行"疏苗"工作。

我永远也不会忘记4月29日那天，我去大学附近帮着推倒木头建造的房屋。

恰好那天是天长节，广播不断播放着美国大总统死亡的消息。"万岁！""万岁！"仿佛一股春风吹遍了大街小巷，民众陷入了沸腾的狂热中。

那天晚上我们家也遭到了空袭。

板桥的家全烧光了。

我有个朋友被3月10日的大空袭烧了房子，无家可归。我还跟他说："没地方去，就来我家吧。"没想到这回轮到我家被烧光了。

我花了好几个小时，一个人用板车拉着防空洞里仅剩的一点家产，运到了川越的养蚕室里。养蚕室是爸爸为了以防万一提前租住的地方。他当时也上了年纪，只能我自己干。

我可能是累着了吧。

川越街道有个斜坡，勉强拉到那里以后，我后背就疼了一个晚上，喘不过气来，不停地呻吟。

第二天，大学里动员大家去割麦子。我发烧了，实在去不了，就跟大学的负责人说明了情况。那人说："既然这样就不用去了。伊香保有咱们大学的疗养所，你去那儿吧。"

我去那儿一看，全是得了肺病和病恹恹的学生。

神经痛症状缓解以后，我算是身体最好的了。

没什么吃的，我只能和老师们一起去山里采野菜。这哪算什么疗养啊。

有一天，我从山里回去一看，不知道为什么，一个人也没有。

生病的学生有学电路的，把坏掉的收音机修好以后，大家都挤在一个屋子里，听美国的短波广播。大家都盖着被子偷偷听。万一被宪兵队知道，可是要被抓的。当时的情景很怪异。

"现在将为日本的听众们播放令人怀念的狄安娜·窦萍的《满庭芳》。"

我们听到的是面向日本听众的"美国之声"节目。

房子烧光，九死一生之后听到这些，仿佛是来自遥远的另外一个世界的声音。让人惊讶的是我们还听到广播里说："有××艘日本的战舰沉没。""还剩几天就要登陆日本了，大家最好做好避难的准备。"

没想到我竟然在疗养所知道了无论是否情愿，战争终将结束的实情。

战败

我感觉在东京继续待下去很危险。

房子烧光以后，我们有时睡在防空洞，或者借住别人家的走廊，还被信仰基督的善良阿姨收留了一晚。我从伊香保赶回去以后，决定回父亲的老家三重县。

幸好父亲名下有块农田。我们盘算着去那儿耕田种地，总能混口吃的。

天龙川的铁桥被炸塌了，无法通行。我们只能绕道北陆前往三重县。费尽千辛万苦，赶到上野车站一看，那里挤满了归乡的人群。大家你争我抢，纷纷逃离烧成一片废墟的东京。

总算是挤上了车，可回家的路却没那么容易。满员的火车本来就慢吞吞的，一旦有空袭警报，就拉响汽笛停下来。

这时乘客们纷纷从窗户跳下来，解个手什么的。火车随时开走，一不小心就被落下了。

妈妈匆匆包了豆馅饭团给我们充饥。可在这仅仅为了活命的旅途中，我完全不记得吃了什么，在哪儿撒的尿，又做了什么。逃难途中，经过故乡武生时，我拼命瞪大了眼睛。可那让人怀念的大山的轮廓线、小河"哗啦啦"的流水声，都沉没在灯火管制的黑暗深处，漆黑一片，什么也看不见。

昭和 20 年（1945 年）的 6 月，我们一家人长途跋涉了三天才到三重县。

唉，这回想耕田吧，连把铁锹都没有。

在那个时代，所有的铁制品都要献给国家。就算有的农民家里有铁锹，也爱如珍宝，哪舍得让给别人。没办法，我们只好用木棍耕田了。

说是农田，可一直荒着。杂草丛生，石头乱滚。我心想，在这种破地方耕田，能种出什么来？可现在买不到粮食，只能自己种了。

我们还想着回农村总有办法，可农村更是穷得揭不开锅。

　　不管去哪儿买东西都调不来货，这地方反而比东京更糟糕。

　　空袭烧了东京的大米供应站。那时已经没有大米供应，只有豆子。仓库里所有的豆子烤熟以后，分给房子被烧光的居民。幸好我扛了一袋到三重。烤熟的豆子就算蒸煮也没法恢复原样，但好歹能填饱肚子。

　　就这样，我们在三重迎来了日本战败的日子。

　　那一年的8月15日，说是有重要的广播。我们挤在邻居家里，在收音机前侧耳聆听。有"咔嚓咔嚓"的杂响，声音不太清楚。但听着天皇在广播中说"……忍所难忍，耐所难耐……"啊，日本战败了，我们都在心里想。其实我早就知道战败了，眼下这个时刻终于来临了。

　　如果我实现了当初的志愿，当上军人，也许不会像现在这样，用清醒的眼光看待战争。

　　爸爸在造兵厂工作，所以经常有技术方面的将校来家里玩。

　　我早就听到了军队的一些内幕，可军人照样摆出不可一世的架势，让我觉得很奇怪。

最让人厌烦的是那些随波逐流的邻居。"你们还算是日本人吗？"随便安个罪名，破口大骂别人是卖国贼。在战争时期，仿佛那才是活下去的意义。

我忘了是什么时候，记得当时空袭还不太严重，在电车里看到穿西装的乘客，周围的大人一脸鄙夷，纷纷指责他："瞧你穿的那样。"最后逼得他下了车。当时还是中学生的我畏缩地看着这一切。

但这一切都结束了。

日本战败。一切都发生了翻天覆地的变化。

在三重继续待下去也没什么意思。九月份大学重新开学，我一个人回了东京。

我在人生路上迷路了

东京变得面目全非。

板桥的家被空袭烧光了。我只好央求认识的教授，在他的朋友日本兵器的社长家寄宿。可没多久，又得搬走了。

我打着零工，不停地辗转。每天只想着，怎么把这一天熬过去。

新宿有个免费给杂煮饭吃的地方，我经常去那儿。其实那是驻军的剩饭。看起来黏糊糊的浓汤，好歹给加热了，可像是家畜吃的饲料，谁也不知道里面加了什么。不管怎样，先凑合一顿填饱肚子。剩下的两餐还得自己寻摸。

偶尔路过一家医院，发现他们在分配军队剩下的冷冻苹果。我假装是护理人员，混进病人的队伍里，靠着分发的苹果凑合了一天。这事我可干了不止一两回。

每天都在搜罗吃的。

与其说是为了活下去而吃东西，不如说是为了吃东西才活着。

我什么都不在乎，连路边的杂草都吃过。我甚至有种自信，就算再次出现灾荒，别人受不了，我也能想办法活下去。

反正在那个时期，我把能进嘴的东西都吃了个遍。

也没有地方可去，只能在大学里晃荡。"喂，你还活着呀。没死真好。"

故友重逢，互相倾诉劫后余生的喜悦，可同时又泛起一丝苦涩。

中学四年里，那些和我并排坐着上课、立志当兵的同学，出征后都死在了战场。

我碰巧眼睛不好，才和他们分道扬镳，侥幸活了下来。生死只在一纸之隔。

我没有勇气去死，这固然不会让父母伤心，可心里却空洞洞的。美好未来如泡影，长路漫漫不可达，只能一天天地挨日子。

心灵空虚，无所事事，照那样下去的话，我早就自生自灭，成了废人。

为了排解烦闷，我去听了很多讲座，逮住谁就听谁的。如果人生的前辈也不能解开我心中的疑惑，那就找不到活下去的意义了。但我心里总想着要做点什么。

就像在不停地晃动着手心里的骰子，等待风向的变化，我一门心思地只想逃脱这种混日子的生活。

在文学系的校园里，碰到了医学系的朋友。听说下午有解剖，我也混进去，参观解剖尸体。

烦恼的不光是我一个人。在工学部做实验的时候，文学系的朋友过来向我借个火。我们还用做实验用的瓦斯炉煮米饭，分着吃光了。

昭和20年（1945年）9月，我听了关于原子弹爆炸的讲座，而广岛和长崎落下原子弹仅仅是一个月以前的事。我那时还是头一次听到"原子弹爆炸"这个词。

我们之前学习的化学都说元素是不会变的。知道元素也会变化后，我很震惊。原子会分裂，爆发出巨大的能量。老师还说如果利用这个特点，不光能制作兵器，还有别的可能性。

无论在什么时代，新的科学技术总是让人着迷。当时，原子具有一种不可思议的魔力，让人以为一旦掌握这个技术，所有的事情都能顺利解决。不要说能源问题了，就连世界霸权也唾手可得。我有朋友就带着这种模糊的期待，投入到了原子弹相关的研究中。我还没有着迷到那个程度。

我就这样漫无目的地彷徨了一年多。

不安笼罩在心头。

心里的烦恼不断，这样下去，未来到底如何？

阿严和丹麦体操

有一天，我钻进法学系听讲座。小个头的老师快步走进来。他突然脱了西装，用富有穿透力的声音低声说了起来。坐在最后一排也能听清楚。

"诸位，你们活了下来，这样很好。务必要增强体魄，继续活下去。"

到底要说什么呀？我心里有些纳闷。那位老师兀自说下去。

"诸位，听好了。你们要多练体操。我年轻的时候就在练丹麦体操。"

老师干脆利落地说完，挥舞着胳膊，一脸严肃地默默表演起了所谓的丹麦体操。

他就是末弘严太郎教授，俗称阿严。

那时候他已经五十五岁左右，快退休了。

东京大地震的时候，阿严担任抗震救灾活动的总指挥。他还是中央劳动委员会的第一代会长，在经营者和劳动人民之间斡旋。我当时由于无知，并不知道他在战前曾经尽力指导托儿所的工作。

在那种非常时刻，照本宣科又有什么用呢。

正因为阅历丰富，所以才知道要对现在的学生说什么。阿严一定经过了深思熟虑。

他没有絮絮叨叨地说个不停，而是身体力行地去展示给大家看。

打完一遍丹麦体操，阿严再次穿上西装，若无其事地转过身，面向大家说：

"锻炼强健的体魄，磨炼坚强的意志。"

阿严气定神闲地总结了这一句话，当天的讲座就结束了。

我惊得目瞪口呆。

当时的大人动不动就搬出那句老套的"一亿总忏悔"，仿佛忘了自己在战时做的事，急着撇清，摆出一副受害者的样子，最后还有脸说"我一开始就反对战争"。

这些人毫无反省的意思，嚷嚷着战争结束和民主主义之类的，急着讴歌新时代。

啊，真让人厌恶。我可不想与他们为伍。

对于有些破罐子破摔的我来说，阿严老师的言行，就是唯一的指路明灯。

一切都是谎言，让人无法信任。纵然这样，也只能从这里开始。

我目不转睛地盯着挥舞着手臂、表演丹麦体操的阿严的身影，把它深深地烙刻在了脑海里。

并没有失去一切。我就在这里。

四肢健全，尽力去做，莫问太多。

这就是所谓活着的意义。

阿严的丹麦体操，在我漫无目的、不断彷徨的后背上，往前轻轻推了一步。

十九岁的我错了。

原来的我死在了昭和 20 年（1945 年）。

此后皆余生。

既然是余生，就要弥补自己的错误，把早逝同伴的那份也活下去。我开始认真思考自己能做什么，为此不断地实践下去。我要献出自己的余生。

我这样下定了决心。

要说是"思想"，未免过于脆弱，但这是一个契机。

从那天以后，我摆脱了怨天尤人的生活。彷徨无助的我从那天之后，迈出了第一步。

又画画了

战后，我找了个画丝绸肖像画的零工，又拿起了画笔。

说到丝绸速写头像，现在的年轻人都不懂是什么意思吧。

当时，电线杆上经常贴小广告，招丝绸肖像画师。

战后，驻扎日本的美国大兵们流行请人在丝绸上画肖像，作为日本的土特产带回去。丝绸是日本有名的物产，日本是丝绸大国，所以他们请人在上面画像。

出版社就在我们学校后面。画画还有人给钱，真是求之不得，我决定去看看。

画丝绸肖像画的零工，一般都是美院（东京美术学校，现在的东京艺术大学）的学生来做。我去的时候，只有我一个非美院的学生。

怎么画速写肖像画呢？就是照着本人带来的照片，用油画颜料来画。让我震惊的是，美国士兵们当时都有彩色照片。而日本不要说彩色照片了，就连底片都很难弄到手。

画法有很多限制。好不容易用油画颜料，却不让表现笔触。既然是日本的土特产，就必须画得像日本传统肖像画，有种朦胧的感觉。这样就得揉搓丝绸，营造朦胧的感觉。

对我来说，这活儿还不错。只要能画画就好，哪怕报酬被出版社克扣一半，好歹也能攒点零花钱。

而美院的学生就不一样了。他们纷纷抱怨："好不容易在学校里学会了写实、立体画肖像的技法，却不让我们展示出来。"

看来对做违背自己想法的事很不满。

我就说："既然想画头像速写，就去街上，找日本人也好，给人家画呗。"

于是，我就去上野有西乡隆盛铜像的广场上，竖了个牌子，给人画速写。

没过几天，我就掌握了技巧。

所谓技巧也是"歪门邪道"。女人要画成美人，比本人美三分。

而男人呢，只要画得帅一点就行了呗？事实并非如此。画得帅对方反而生气："你压根没仔细看。"

画男人的时候，如果脸颊鼓，就画得鼓一点。下巴突出，那就强调这一点。夸大个人特征，对方就会高兴，以为你抓住了他的特点。

我的生意还挺兴隆的。没想到反而被人盯上了。

过了三个月左右，几个小流氓过来要收保护费。我可没有，从那以后就不干了。

慢慢地，大学里穿着军服、复员的文学系学生开始办各种各样的活动。

举个极端的例子，有导致后来成立全学联的政治活动，也有舞蹈研究会这样不怎么样的社团。哪个跟我的性格都合不来。

我早就对政治失望了，也不觉得可以乐在其中。

就在这时，我看到了戏剧研究会贴的告示。

我脑子里灵光一闪，也许这就是我要找的。

没想到进去一看，台前表演的角色都被文学系的人占了。我是工学部的，只能做幕后。我负责制作和安装舞台上用的道具。换句话说，就是扫地和杂活一手包办的"万金油"。

我对自己的手艺多少有几分自信。

我爸就喜欢做木匠活儿，我也遗传了这一点。星期天，我爸"咚咚咚"敲个不停的时候，他没说让我帮忙，我也跑去搭把手，从而知道了做手工活儿的乐趣。

"我想在院子里凿个池子养鲤鱼。"

我爸冷不丁冒出一句。

这种小事不用找人帮忙，他也干得了。

建造鲤鱼池，必须把水管扯到院子里。我那时年纪还小，只能钻到地板下面，检查接头有没有问题。

哥哥对这种事没兴趣。我当时心想，像这样孝顺父母，只有我能做到。做梦也没想到现在竟然派上了用场。

没有比孩子更诚实的观众

三个优秀的前辈领导着戏剧研究会。

德语系的中野，学国史的须藤，学医的林。他们比我年长，富有包容力，对演剧这门综合艺术倾注了深深的热情。

中野是位优秀的人才，在东京艺术剧场从事研究。他已经有了妻子儿女，也是我人生的前辈。

须藤学长是戏剧研究会的三位编剧之一，还是印刷公司老板的儿子。神田的一栋楼就是他家的印刷厂。我就是在那儿组装舞台道具的。那个年代很缺纸，就问他要些下脚料的碎纸，给他添了不少的麻烦。须藤学长后来成了专业编剧，NHK的电视剧《公交小路后面》就是他写的剧本。

林学长是幕府御医世家出身，是医学部的高才生，还会写小说和戏剧，真是多才多艺。

三个人组成了铁三角，拽着幕后的我一路前行。

戏剧研究会的伙伴中，有人高谈阔论，只讲理论。三位领袖从来不夸夸其谈，而是亲力亲为地表演。我在实践中体会到了用身体去表现人性的困难和喜悦，同时掌握了"起承转合"的重要性，以及如何去展开剧情这些基本的戏剧技法。

戏剧研究会经常在地方上公演。

理由很明确。去地方上公演，能吃到东京少见的珍馐佳肴。

在那个灾荒的年代，这让大家喜出望外。这样一来，大家都不想在都市里演出了。农村的公演比较多，就是这个原因。

在地方上公演时，刚开始安装道具，就"呼啦"来了一群孩子。"什么事什么事？""什么好玩的要开始了？"

不理他们吧，他们就在那儿蹦蹦跳跳，直接变成了运动会。

最后，孩子直接吊在幕布上，害得舞蹈道具都白搭了。

没做好准备，就没法拉开幕布。

"快点想办法，让那些调皮鬼老实点。"

麻烦都推到了我这个万金油身上。

"什么是演剧？"那些家伙总是唇枪舌剑地吵个不停，大谈特谈艺术理论，"所谓演剧就是通过人类的身体，追求真实的人性"等等之类的。而关键时刻那些家伙却躲得远远的。这事没人来干，文科的学生们个个都不理睬。

这时，我灵机一动。

"喂，大家都过来。我们要做一件好玩的事，快来集合!"

我扯着嗓子冲那些孩子们喊道。

为了顺利拉开幕布，得想办法让这些到处跑来跑去、像小猴子一样嘎嘎叫的调皮鬼老实点。我决定陪他们做游戏。

"大家看呀。像这样竖起一根手指，戳在鼻孔里，鼻子、鼻子、鼻子……"

太棒了，那些小孩都围过来，津津有味地看着。

"来，我们开始做。鼻子、鼻子、鼻子……"

孩子们哈哈大笑。"咦，不是鼻子呀。"

就连我自己也没想到会这么受欢迎。

大人就算觉得无聊，也会担心自己不听人说话，对方显得可怜，因此也会忍耐着听下去。小孩子觉得无聊了，可就不答应了。

高兴了就笑，难过了就哭，觉得无聊就跑走。小孩的反应不掺一点假。

面对大人束手无策的我，说实话，被这些感受敏锐的孩子迷住了。

从那以后，我开始偷偷写给孩子们看的剧本。每次出去公演的时候，我都会准备一个作品给孩子们看。

其他同伴都是表演新锐话剧、莎士比亚翻译剧什么的，只有我表演面对孩子的童话作品，《豆子煮熟了》之类的。

只有我一个人得面对孩子表演，是不是有些心理不平衡？才没有那回事呢。比起和大人打交道，陪孩子好玩多了。

大学三年级的时候，我自己写脚本，亲自表演童话剧《夜晚的小精灵》，并邀请附近的孩子在法学系的教室里免费观看。

当时同年级的伙伴们都忙着写论文，急红了眼。可那些后来成了专业演员，进入广播界的朋友还是爽快地帮了忙。

毕业求职的时候，指导老师在举荐我的文章里写道：业余时光积极投身于美术和演剧领域，在此方面颇有才华。我看到的时候心里一热。平时默默地做这些事，从来没有向老师汇报过。没想到老师却了解情况，而且这么懂我。

说句题外话，毕业后成了新宿高中教导主任的学长中野被他家里赶了出去。我听说这件事以后，想着他的妻儿可怜，就对他说："舞台上的简陋房子也行的话，我就帮你搭一个吧。"中野说："麻烦你了。"我们买了最便宜的木材，在他当时工作的女校的角落里，建了个差不多二十平方米的房子。地基就是随处可见的大谷石，捡了那些烧掉的房子的钉子弄直以后再用。

第二年，台风袭击了关东地区。

暴风雨席卷了首都圈，河水暴涨到最高水位，一万七千多户房屋差不多毁掉。就连正规的房子都受灾严重，临时拼凑的房子更是不堪一击吧？完了完了，我心想房子肯定都被吹翻了。

我顺路过去，买了葡萄酒，小心翼翼地前去探望。没想到房子竟然还在。

看到房子平安无事，我心里松了口气，浑身的力气像是被一下子抽光了。

我一问才知道，每次刮大风，房子差点飘起来，眼看着就要倒下的时候，他们家三个人就抱着柱子，用身体当秤砣。

眼看房子要倒，"一二三！"一家三口团结一致，压上所有的重量，把房子拉回来。

在台风中，一晚上拉着房子，想死的心都有了吧。好在房子没有被刮跑。房子连螺丝钉都没有，只是把板子架在了地基上。好在斜支柱符合力学原理，房子没有被大风掀翻。

现在想想，用舞台道具的水准随便搭个房子，真是乱来。但我这个外行靠着掌握的技术，用临时拼凑的材料搭的房子，却严格符合建造的原理。万幸万幸，我和中野举杯庆贺。

连环画剧和绘本的区别

昭和 23 年（1948 年），我从东京大学工学部应用化学系毕业以后，进了昭和电工公司。

找工作是为了生活。可我在面对儿童演戏的过程中，感觉到了儿童剧新的可能性，想着能否通过某种形式继续下去。

我也试着进了社会上的演剧社团，可人都齐了。我又没法应对复杂的人际关系，这实在不适合我。

人偶剧不用处理人际关系，总没有问题吧。我这么一想，下了班便跑到人偶剧团，给人家帮忙，剧团经理川尻泰司先生对我有知遇之恩。

我开始表演连环画剧，因为一个人就能操作，又轻便。我的选择都是靠排除法，甚至是消极的撤退法。

连环画剧是一种独特的艺术，只有日本才有。乍一看和绘本属于同一个门类，却大不一样。连环画剧其实是戏剧。

追溯它的源头，最早是在曲艺场里，用纸做的人偶来表演歌舞伎。

等到无声电影出现以后，人们就不想看纸人偶的戏剧了。与其这样，还不如看真人演的戏剧，或者去看电影。就这样，纸人偶表演被曲艺场淘汰了。

于是来到了街头巷尾。

在曲艺场里表演的时候，观众没有门票进不去。可一旦出现在街头，最早围拢过来的都是小孩子。

在外面表演，没法像以前那样，把纸人偶插在棍上立起来，因为风"呼啦"一吹就倒。因此只好把人偶贴在背景上，做成平面的画。这就是连环画剧的起源，最后成了主流。也就是说，连环画剧是人偶剧衍生出的街头艺术。

这时我想起在武生的时候，年幼的我特别痴迷的太神乐（舞狮等杂技表演）。

一到节日，三重县的杂技团就来了。人力车队伍在镇上游行。一看到载着杂技团的人力车，年幼的我就坐立不安，忍不住追在后面跑。

移动式的台架上，塞满了各种各样的乐器和道具。这将成为特别的舞台。在笛子和大鼓的伴奏下，"嗖"地冒出来一只天狗，怪模怪样的假面，接着是狮子舞。狮子打盹的时候，天狗搞恶作剧，"砰砰"地拍着狮子的脑袋，把它叫醒。

整个过程都没有台词，像在看哑剧。

最精彩的场面是压轴的变身，狮子"哗"的一声变成华丽的美人。

我总是占据着第一排的位置。实在太好玩了，怎么也不舍得走。现在想来，那表演不收门票，能吸引住过路的行人，给他们带来那么多快乐，实在是了不起。

照我说，连环画剧也是演剧，随便画几张画，翻一遍就行了。这么想大错特错。毕竟是由戏剧传承过来的，内容如果没有起承转合，观看的小孩子早就跑得没影儿了。

我小时候在街头看过的连环画剧《塔布洛特》特别棒，主角长得好像黄金球拍。老板以前是无声电影的讲解员，他会根据出场角色的不同改变声调，不是照本宣科地读，更像是在表演。我马上就被迷住了。

高明的表演者会在绝妙的时刻拍响惊堂木，敲几下大鼓，充分发挥音响效果的作用。台词和画面配合默契，让人有身临其境的感觉，这点特别重要。所以说它不是绘本，更像是戏剧。

最后算下来，光是给儿童会表演的连环画剧，我就经手了两百多部。

这样好在哪里？"嗯，这个情节走向不错。""这地方他们有点厌烦了。"因为直接面对眼前的孩子讲故事，马上就能明白他们的反馈，对我来说是很好的学习。

回首往事，那个时候我做的事，和小时候大杂院里的小安为我做的事简直一模一样。每次在孩子们面前表演连环画剧，或者和他们一起玩游戏的时候，都感觉自己变成了小安，真是不可思议。

开始给托儿所帮忙以后，以及开始画绘本以后，每次为不知道该怎么跟孩子打交道而心生烦恼的时候，脑海中总是会浮现出小安的身影。

小安这时候会怎么做？

我的想象总是会回到那个原点。

小安是怎么跟我们打交道的？他对大家都一样的亲热，无论何时都给我们自由的温柔面容，至今依然历历在目。

摘自加古里子的作品

小达摩羡慕小天狗的扇子，
最后找到了八角金盘的叶子。
这回它又想要小天狗的帽子了。

摘自《小达摩系列》第一部：《小达摩和小天狗》。

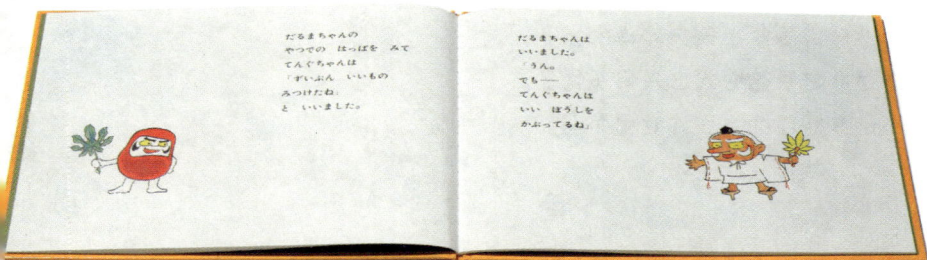

だるまちゃんの
やつでの はっぱを みて
てんぐちゃんは
「ずいぶん いいもの
みつけたね。
と いいました。

だるまちゃんは
いいました。
「うん。
でも——
てんぐちゃんは
いい ぼうしを
かぶってるね」

小达摩说想要小天狗那样的帽子，
老达摩赶紧给它找出来好多帽子。
小达摩想要的帽子在这里面吗？

地上摆满了帽子，足足有四十种。

摘自《小达摩和小天狗》。

だるまちゃんは また うちへ かえって
「てんぐちゃんの ような ぼうしが ほしいよう。」
と いいました。
おおきな だるまどんは
たくさん ぼうしを だしてくれました。

「こんな ぼうしじゃ ないんだけどな。」

そのうち だるまちゃんは
いいことを おもいつきました。

从天上掉下来的雷神让小达摩带它
去拿挂在树上的"怪怪的东西"。
"嘿哟！""嗨哟！""蹦呀跳呀！"
小达摩起劲地跳个不停。

摘自《小达摩系列》的第二部：《小达摩和雷神》。

"好，那今天的课就上到这儿。明天，给我偷点东西过来。这就是作业。知道了吗？听明白了吗？"

摘自《小偷学校》。

第二天晚上——

黑漆漆的夜里，
熊坂老师带着学生们，
高高兴兴地去郊游了。

乌鸦一家看着烤好的面包特别高兴。

摘自《乌鸦面包店》。

烤了好多热乎乎、
脆脆的美味面包。

 橘子面包

酒壶面包

手套面包

鸽子面包

帽子面包

杯子面包

木屐面包

电话面包

牙刷面包

剪刀面包

雪人面包

小提琴面包

蜗牛面包

 小达摩面包

珊瑚面包

书本面包

白萝卜面包

小蛇面包

茄子面包

雷神面包

凿子面包

狸猫面包

大象面包

飞机面包

小鱼面包

铅笔面包

墨鱼面包

西瓜面包

蝴蝶面包

镜饼面包

仙人掌面包

苹果面包

大鼓面包

鲸鱼面包

章鱼面包

栗子面包

小猪面包

钢琴面包

长颈鹿面包

老鼠面包

小狗面包

做了很多古怪形状的、
好玩、好吃又可爱的面包。

蘑菇面包

企鹅面包

玉米面包

豆子面包

炉子面包

草莓面包

星星面包

锤子面包

长靴子面包

电视面包

花瓶面包

郁金香面包

狐狸面包

飞机面包

足球面包

公鸡面包

蜻蜓面包

河马面包

葡萄面包

螃蟹面包

鸵鸟面包

青蛙面包

天狗面包

菠萝面包

鸭子面包

萝卜面包

茶壶面包

瓢虫面包

海螺面包

锯子面包

乌龟面包

香蕉面包

鳄鱼面包

兔子面包

小轿车面包

小猫面包

恐龙面包

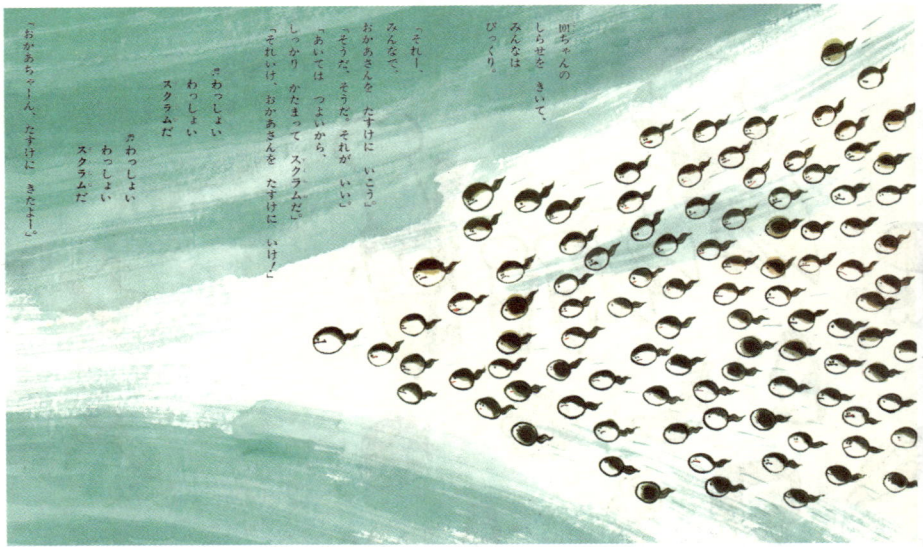

朋ちゃんの
しらせを きいて、
みんなは
びっくり。

「それ──
みんなで
おかあさんを たすけに いこう」

「そうだ。そうだ。それが いい」

「あいては つよいから、
しっかり かたまって スクラムだ」

「それいけ、おかあさんを たすけに いけ」

「わっしょい
わっしょい
スクラムだ」

「わっしょい
わっしょい
スクラムだ」

「おかあちゃーん、たすけに きたよー」。

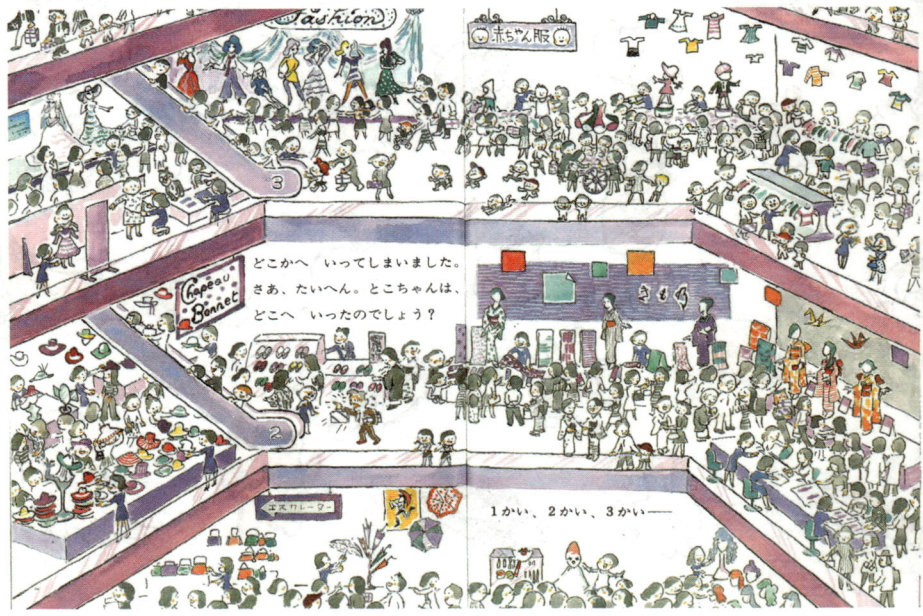

どこかへ いってしまいました。
さあ、たいへん。とこちゃんは、
どこへ いったのでしょう？

1かい、2かい、3かい──

ヤマおばさんも、
チリチリばあさんも、
マゴマゴじいさんも、
ゴサクだんなも、
アカペエどんも、
レストラン・ヌレバの
おかみさんも
やってきました。

ユウヤケしんぶんの
とくはいんも、
カアカア・テレビの
カメラマンも、
みんな
とんできたのです。

加古里子作品中"搜罗同类排列"的场景。《101个蝌蚪宝宝》(左页上)、
《阿步去哪儿了》（左页下）、《乌鸦面包店》。

処女作《大坝建成了》

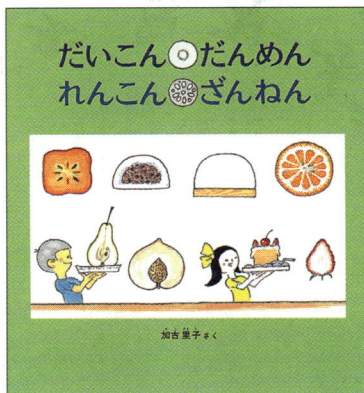

だいこん だんめん
れんこん ざんねん

加古里子 さく

从水果到交通工具，甚至还有地球，
画出了所有东西的剖面图。
《萝卜 断面 莲藕 剖面》

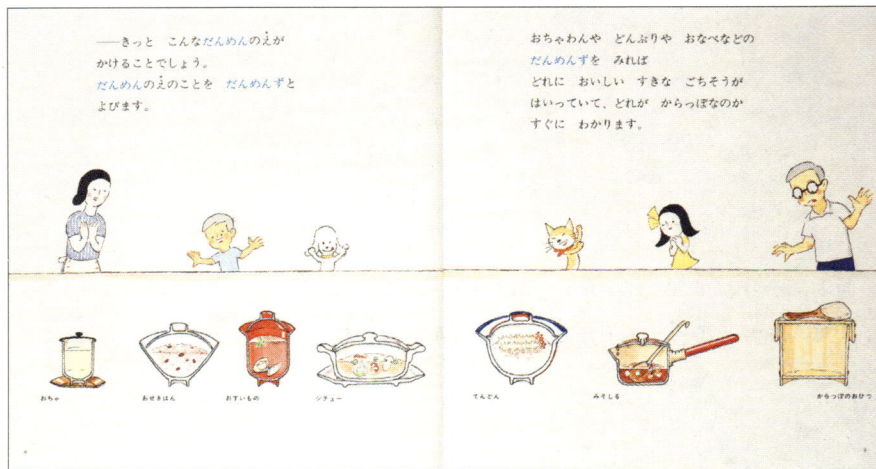

——きっと こんな だんめんの えが
かける ことでしょう。
だんめんの えのことを だんめんずと
よびます。

おちゃわんや どんぶりや おなべなどの
だんめんずを みれば
どれに おいしい すきな ごちそうが
はいっていて、どれが からっぽなのか
すぐに わかります。

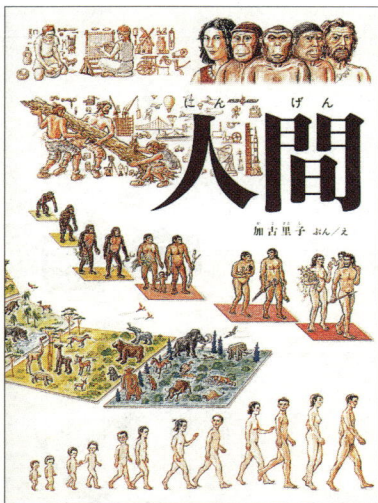

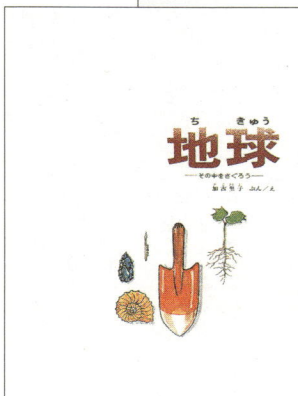

执笔时，加古里子多次采访研究人员，加入最新数据的多种科学绘本。《河川》（下图）是加古里子最早的科学绘本。

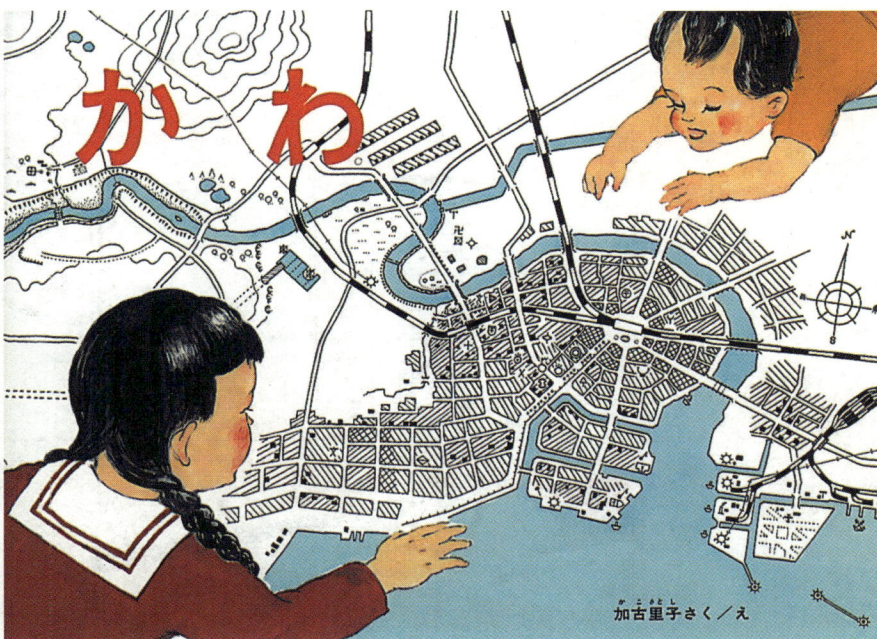

继《河川》《海》《地球》之后的科学绘本。
从跳蚤开始，一直行驶 150 亿光年的旅途。

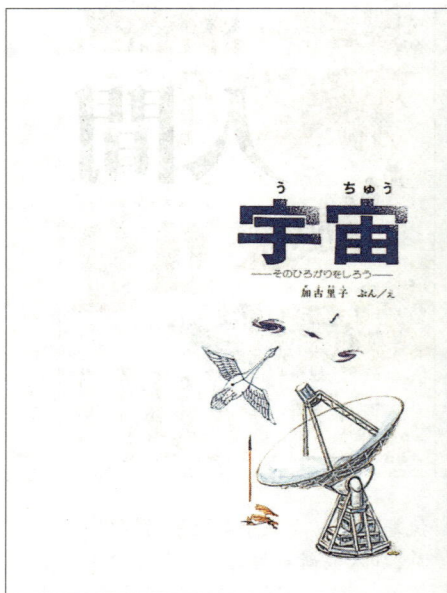

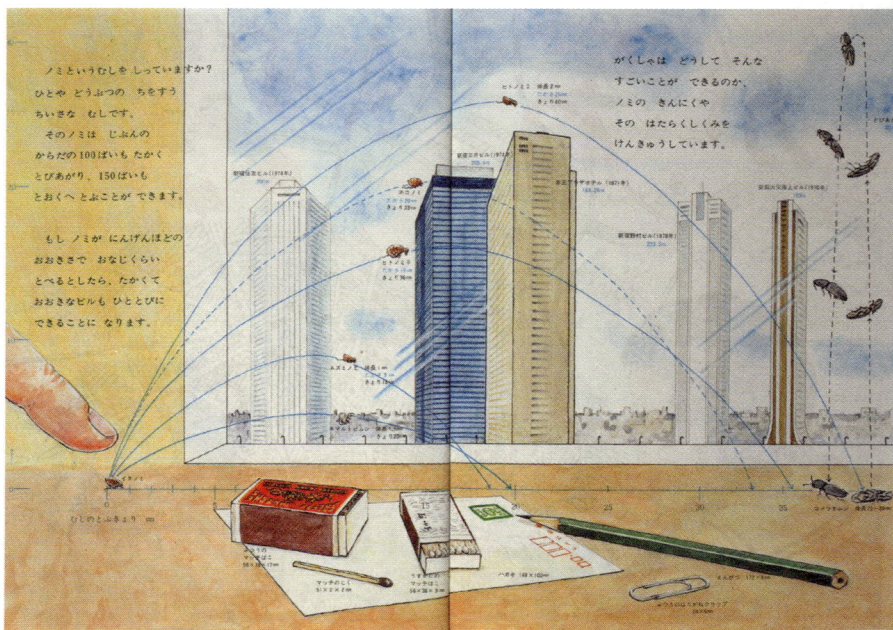

ジェットきにのって なんぜん
メートルもの たかいところへ
のぼってゆくと くうきがうすく
なって、おんどや きあつが
どんどん ひくくなってゆきます。
そんな たかいところでは、
どうぶつや ひとが
くらしてゆくことが とても
むずかしく なります。

そして、たかいところで
そだつ すくない
どうぶつが とても
すくなかったり、まったく
いなくなって しまいます。
ですから、そらたかく
のぼって ゆくためには
さむさを ふせぐようじや、
あつりょくが ひくく
なるのを ふせぐやや
くうきの じゅんびが
ひつように なります。

さあ すばらしい ほしの あつまりが
みえてきました。
えんで かこんだところが さっき みていた
ほしの あたりです。まわりの
おおきな ほしの うずまきは
2000おくもの さまざまな ほしや
ガスのかたまりや 3ちの3の
チリのあつまりから できています。
この おおきな ほしの
あつまりを 「ぎんがけい」と
よんでいます。
この 「ぎんがけい」が
できたのは 180おくねん
ほど まえのことだろうと
かんがえられています。

わたしたちの
「たいようけい」は
えんで かこんだ まんなかの
ところにあって うまれたのは
およそ 50おくねん まえのことです。
ですから 「たいようけい」は 「ぎんがけい」の
なかで わりに あたらしく うまれた ほしの
あつまりだと いうことが できます。

そして、この おおきな ほしの うずまきは
ゆっくり まわっています。
このなかにある 「たいようけい」は おとの
はやさの なんびゃくばいもの はやさで
うごいています。「たいようけい」が そのそくどで
すすんでし ひとまわりして、もとのところへ
もどってくるのに なんと 2おくねんも
かかるほど、このうずまきは おおきいのです。

在雷神国里，所有的东西都是炸雷的形状。
摘自《小达摩和雷神》。

第叁章

最重要的事都是孩子们教我的

托儿所的孩子们

大人自以为懂孩子。

或者觉得孩子还没有发育成熟，什么事都得大人教才行。

真的是这样吗？

对此我深表怀疑。

孩子也许赶不上大人，但每个孩子都有独立思考的能力，没准儿能比大人感悟到更多的东西。

这些都是川崎托儿所的孩子们教给我的。

战争刚结束没多久，在川崎原来的市场烧焦的废墟上建造起了一排排简陋的木头棚屋。

把木板锯成木片代替瓦铺在屋顶上，下雨的时候会漏雨，但没有瓦只能这样凑合。

里面住的都是在临港地带的日本钢管和日立造船厂工作的劳动人民。

战争期间船都沉了。当时的日本，陷入空前的造船狂潮中。

当爸爸的三班倒，下了夜班，累得要命，在家里倒头就睡。

家里地方窄，孩子们只能在外面玩。

来川崎托儿所的都是些顽皮的坏小孩。他们住在窝棚里，和工厂干活儿的父亲生活在一起。

那些孩子整天流着鼻涕，常用袖子去擦，把袖口磨得油光锃亮。他们都是捡老大剩下的旧衣服穿，裤脚短短的。这样的孩子在那一片儿有三五百人。

以学生为主，类似现在所说的志愿者，去帮助这些孩子。信条是不出钱也不送东西。那出什么呢？出的是劳力。

昭和 25 年（1950 年），我二十四岁的时候，开始在这个托儿所帮忙。

大学毕业后，我在昭和电工公司上班，但想继续做跟孩子有关的事。带着这样的想法，我一直在人偶剧团帮忙。其中有位还没转正的团员跟我说，来儿童会帮忙吧。我就去了大井町的托儿所。

在大井町的保育园里，战后复兴的东大志愿者组织开始了医疗诊察活动。

战前和战后复兴的志愿者活动，以有资格的医疗系人员为中心，主要开展医疗支援。其他都是在校的大学生，只有我是特例，已经步入了社会。

战争期间解散的志愿者组织，曾经由阿严，也就是末弘老师来指导。这简直是命中注定的邂逅，我沉浸在喜悦中。我一开始在大井町的志愿者组织帮忙，后来调到了川崎。

恰好在那个时候，川崎以医学部的学生为中心，也设立了志愿者服务部，帮助那些因穷困而无法就医的人，在妇女会教人做饭。只要镇上的人有需要，大家都会去帮忙。

当时都在路边挖沟，上面架着板子，底下蚊蝇丛生，因此引发了赤痢、日本脑炎等传染病。

当时没有"志愿者"这样听起来很时髦的词，只是说"慈善事业""社会贡献"。

好多人都误把志愿者当成左派。

去帮助人，还要遭受批判，真是受不了。可在那个时代，看到学生们令人费解的举动，家长和大人都会用怀疑的眼光看着。那些小孩也学着攻击我们。

"秃头脑袋，秃头脑袋。"

"秃头脑袋光溜溜，一百瓦的大灯泡。"

这首骂人歌只是个前奏，他们还把这首歌画在了志愿者服务部的墙上，还画了"仙鹤先生是圆圆虫"的游戏歌。

擦掉，他们又画上。来志愿者服务部帮忙的认真的女学生被这些调皮鬼取笑，气得哭了起来。

而在我看来，能够参加志愿者活动简直是天赐的恩典。

由于日本战败，从前信任的一切都被颠覆了。我不再信任大人，唯一可以信任的就是这些担负着未来的孩子。步入社会以后，我依然偷偷地抱着期望。而托儿所正是我实现理想的地方。

志愿者们不分年龄大小、资格，凭着对社会和时代的敏锐观察，从不宣扬却又毫不动摇的奉献精神，倾注了自己所有的能力和努力。我从托儿所的年轻朋友以及后辈那里学到了很多做人的道理。

虽然不是教育专家，但我认为自己一定能为孩子们做些什么。

我打算利用以前积累的经验，为孩子们表演连环画剧。我想要打造出艺术性极高的作品，让孩子们看到就感觉特别惊讶。

光是这么想一下，我就觉得心潮澎湃。

平时我要上班。只能等下了班，回到旧市场隔壁镇上的公司单身宿舍以后，才有空画连环画剧。星期六还没有实行半天休息，不能早回去。有时候要画一整夜，但我从不以为苦。

当时父母还健在。我的工资分成三份，一份给父母寄过去，一份当伙食费，剩下的三分之一用于创作作品。没法辞掉工作，自己想做的事只能以志愿者的形式继续干下去。

一到星期天，我就抱着自己的得意之作，走向托儿所的孩子们。

"怎么样，这个表现形式很棒吧？看到这个，哪个小孩不得高兴地乱蹦？"

我喘着粗气，意气风发地出了门。可事情却出乎我的意料。

表演连环画剧时，先是一个两个走掉了，最后全走光了。

打击，沉重的打击。

我只好打起精神，把安徒生的童话画成了连环画剧的形式。"才不要什么公主呢。"孩子们瞧都不瞧一眼，最后在看的只剩下被老婆婆抱在怀里的小婴儿。真是够冷清的。

不应该是这样的啊。我正垂头丧气，"演完了吗?"孩子们又回来了。

哎呀呀，看来他们还没有抛弃我。要是他们一去不回，我就是被抛弃了。回来说明还有希望。

有一天，我问那些孩子:"你们去干什么了?"

那些孩子毫不打怵地说，去原野上抓蜻蜓了，去多摩川抓小龙虾了。

原来如此。对那些调皮鬼来说，比起看连环画剧，那些更好玩。我小时候也着迷于捉蜻蜓、抓小龙虾，所以很理解他们的心情。

我心想，要吸引他们看连环画剧，必须创造出比抓蜻蜓和小龙虾更加有趣、让人心"怦怦"跳的充满野性的作品。

到底该怎么做呢?

我决定先观察孩子们再说。

孩子是敏锐的观察者

有位获得诺贝尔奖的动物行为学者叫康拉德·劳伦兹。

读了他的著作《所罗门王的指环》以后，我发现他观察动物特别仔细。例如，刚从蛋里孵出的小雁鹅，把头一个跟它说话的劳伦兹当成自己的妈妈，不管去哪儿都跟着。

这叫印随行为。劳伦兹通过耐心观察，证实了这不是把动物拟人化的武断猜想。

只要我们仔细观察，好好对待它们，就连刚出生的野生动物也不会与人为敌，反而和人很亲热。

从这点来说，我打算做的事属于儿童行为学范畴。

我是这么想的。只要仔细观察那些捣蛋鬼的行为，给予妥当的回应，一定能打动他们。

可我出身工学部，又没孩子，还真是不了解这些小家伙。

我想着得补补课，就随便读了几本幼儿教育和幼儿心理的书。上学时也逃过工学部的课，跑去听教育学院的讲座。但照着书翻找，并没有发现我寻找的答案。步入社会以后，我考取了教师资格证。但在公司工作，一直没机会接触活生生的孩子。

教育学的书上这么写着：孩子是没有发育完善的、以自我为中心的生物。真的是这样吗? 我并不认为，把自己知道的经验教训和道德规范，强行塞给他们，就能培养出好孩子。这种想法和战争期间的教育又有什么两样呢?

孩子一旦出生，就不再是不成熟的个体。就连刚出生的小鸡仔也知道发动所有的感官，分辨父母，摇摇晃晃地迈开步子。

我想，就算赶不上大人，孩子也一定会思考，拥有自己的想法。

请你回想一下自己的童年时代。

是不是曾经这么想过："大人可真够傻的。"

反正我这么想过。

"什么呀，说这些怪话。"

感觉我经常这么想。

真是个不容小瞧的孩子。

但我的性格并不固执，只是默默地观察，思考长大后应该成为什么样的大人才好。

尽管孩子没有说出口，但也在默默地观察，认定"这个大人真不错""那个大人不值得信任"。慢慢对大人产生批判精神，就是孩子成长的标志。

想起在我还小的时候，幼儿园毕业的孩子都被叫去在庙会上当童男童女。我在武生上的那个幼儿园，本来就是寺庙创办的。

当时负责指挥的院长就是和尚。

都是刚从幼儿园毕业的小孩子，排成一队也站不齐。这时，园长是这么说的："走路的时候看着前面小孩的后脑勺，不用看别的地方。"

这个指令非常具体而准确。

排成一队往前走，这么说小孩可办不到。要让他们看着后脑勺走，就能排成整齐的队伍往前走了。

后来我才知道园长是天台宗有名的高僧。我心想，果然非同凡响啊。可惜以后再也没见过他。

我不是在夸奖自己看人有眼光。

而是说，小孩有时候比大人观察得更敏锐，小瞧他们就会犯下大错。

小孩可不是一无所知，不食人间烟火。他们在幼小的心灵中感知各种事物，然后想办法掌握生存的技巧。这才是活生生的孩子。

　　在和托儿所的孩子们斗智斗勇的过程中，我最想知道的是，该如何提高他们与生俱来的能力。很遗憾，没有任何一本书写过具体的方法，也没人教给我。

　　我心想，既然这样，那就只能观察眼前这些活蹦乱跳的孩子，从他们身上取经了。

画画歌让我明白的事

　　"教我秃头歌呗。"

　　有一天，我这么对那些捣蛋鬼说，并和他们一起唱了起来。

　　"秃头脑袋，秃头脑袋。"
　　"秃头脑袋光溜溜，一百瓦的大灯泡。"

　　这家伙在干什么呢？
　　托儿所的朋友肯定吓了一跳。

和孩子们合唱了一遍，我发现歌词编得真不赖。被人骂了，心里还忍不住佩服，这歌词真棒，语言通顺，又很搞笑。

　　这些鼻涕虫竟然能想出这样的词，真是了不起。

　　就连捉迷藏，他们也能玩出新花样，才不会一根筋地追。捉的人当"鬼"，鬼说黄色，大家就去找黄色的东西。差点被鬼抓住的时候，只要碰了黄色的东西就安全了。

　　跑到高处就会安全的是"高鬼"，碰到石头就会安全的是"石鬼"，还有"木板鬼""铁鬼"之类的。

　　在记录儿童游戏的书上翻找，最多只能找到"高鬼"，其他的全是孩子们举一反三临时想出来的。同样的东西玩烦了，在上进心的驱使下，他们会玩出不一样的，玩出新高度。

　　他们接着教我的是"画画歌游戏"。

　　一边哼着歌，一边画画。

　　可能很多孩子没玩过画画歌，现在在路上乱画是要被骂的。

　　画画歌就像是最后抖个包袱的简短故事，语言和画面互相呼应，从这点来说，很像连环画剧的原型。

画画歌最广为人知的可能就是《稻草人脸歌》了。

关东和关西地区的说法有点不一样。

不同地区，有着微妙的差别。

依照我的想象，这应该是起源于京都一带的戏歌。排列文字，组成一幅画，这样的文字画属于文人游戏。把假名写在一起，组成人脸，很像是和尚、京都贵族这些闲着无聊的人玩的游戏。

用假名组成的文字画，肯定有更复杂的。但孩子们淘汰了比较麻烦的，只留下《稻草人脸歌》这样简单易画又好玩的。

小孩子只选自己喜欢的，他们的游戏总给人这种感觉："嘿，这个好玩，归我了。"

这些孩子到处乱画。那个"仙鹤先生是圆圆虫"，乍一看画得都一样。

仔细一瞧发现，有的孩子还加了自己的创意。

有仙鹤二、仙鹤三，应该有仙鹤一吧？我仔细找了找，竟然没有。

我也不知道为什么会是这样。可能孩子们是这么想的吧：又不是算数，干吗非得有一二三呢？那样多没劲。也许有的孩子画了仙鹤一，可一根线画出来不像样，又擦掉了吧。

微小的差异导致不同的效果，据我观察，孩子们对此很敏感。

圆圆虫的最后那个笔画，只要改变角度，画出的人脸可以是正面，也可以是侧面。孩子们为此都玩得不亦乐乎。

画画歌还真是奇妙。我越调查越有兴趣，决定搜集更多不同的样本。

我自己观察附近玩的小孩儿，可这样还不够。

于是托朋友和学校的老师帮忙，分发调查问卷，收集了相当多的样本。

可不要小瞧画画歌哦。

在调查的过程中，我发现这个在孩子们中间传承的游戏世界，事实上充满了奥妙。

毕竟文化部又没有对游戏定规矩。

这是小孩独霸一方的地方。

因此，音高会乱七八糟的。"喂，跟上回好像不一样。"就算你这么说，他们也满不在乎。"管它呢，无所谓。"歌词也各不一样。

有山，有村庄，萝卜田和麦田。

有石头，有池塘，变成了小金鱼。

有一天，孩子们照着教育部制定的歌曲《春天来了》的曲调唱了一遍这两句话。

一边唱，一边画着图案和线条，最后出现了一只可爱的小金鱼。

歌词"有石头""有池塘"都踩着韵脚，合着节拍，节奏很明快。

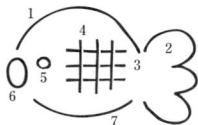

1. 有山　　　5. 有石头
2. 有村庄　　6. 有池塘
3. 萝卜田　　7. 变成了小金鱼
4. 麦田

《画画歌考证》（小峰书店）

他们用石头或者木棍在地上画的画比例失调，线条歪歪扭扭，但是有歌有画，像歌谣一样。这些尿裤子、流鼻涕的小家伙也能乐在其中，我感到很佩服。

从那以后，我就成了金鱼的俘虏。路上、墙上、道边，我到处寻找那可爱的金鱼画并继续拜托亲戚朋友帮忙收集样本。

我查了资料发现，有的孩子唱的是"有山，还有山"；有的孩子唱的不是"萝卜田"，而是"胡萝卜田""芋头田"。又没有将歌词记录在本子上。第二天，孩子会想：咦，是什么来着？想不起来就瞎编个词。眼前要是有大葱，没准儿唱的就是大葱田了。

长野县的孩子唱的是梯田。根据当地风土人情的不同，会改变原来的歌词。大家看起来像在做同一件事，可仔细观察你会发现，每个孩子都有能力将之改变得适合自己。

"这条线不错。"他们有分辨的能力，还能表现出自己的喜好。喜欢了就据为己有，"这个归我喽。"转眼间就在全国范围内流行开来。

只有能引起孩子们共鸣的东西，才会经过筛选留存下来。

什么是个性

一个优秀的孩子突发奇想地画起来，其他孩子都跟着学一样的。画画歌并不是这样的，它是孩子们各种各样创意和灵感的集合。

孩子们没工夫一一地跟大人解释什么，看起来只是在瞎蹦乱跳。观察一两个孩子，也搞不清他们的创意来自哪里。

但是收集了很多画画歌样本以后，有些东西慢慢浮出水面。样本超过一千个人以后，孩子们游戏的精髓逐渐变得清晰起来。

我觉得很不可思议。眼前有这么耐人寻味、充满奥妙的东西，那些教育专家们为什么不去研究呢？

孩子肯定没觉得自己做的事有多稀罕。他们玩游戏，化为成长的精神食粮，而唱着歌画出的画虽作为具体的形式留存下来，但对他们来说，不过是涂鸦而已，就好像排泄物一样。

而我收集了成百上千张的这种"排泄物"，对他们的灵感和创意感到震惊而又佩服。原来他们在做这个呀，原来他们在做那个呀。

我的研究从 1940 年代一直持续到 1990 年代。研究孩子们游戏传承的世界，好像成了我毕生的课题。

后来，我写了一系列的四本书《游戏传承考证》来总结研究的成果。当时孩子们在游戏中教我的事，成了我后来创作的基础。这点是毫无疑问的。

孩子们的能量让我倾倒。

要问大人和孩子有什么不同，我想应该是孩子不断地吸收，化为成长的能量，这一点实在是太惊人了。他们在游戏中发挥出无穷无尽的能量，不知道该向什么地方释放。可这充满了未知和意外性的能量，才是每个孩子拥有的生命力和可能性。乍一看散漫放纵，里面却蕴含着个性和多样性。

断定儿童没有发育完善的教育专家，忽视了孩子们在游戏中自然发挥的生物本能的力量。

所以他们才说，小孩是张白纸，大人只要好好教育，就能染成自己喜欢的颜色。让我来说的话，这简直是开玩笑。"只要流进模具里，就能变成想要的形状。"这是大人自以为是的想法，简直大错特错。

小孩子有自己的世界，每个小孩都在认真思考，拥有自己的判断和喜好。

观察画画歌游戏，让我清楚地知道了这一点。

不管怎么强塞，只要他们觉得不好玩，那就不会接受。

大人以为孩子就像没有耕种的田地，种下自己喜欢的种子就能收获丰硕的果实，所以才随便填鸭，但结果并没能如他们所愿，原因就在于此。

孩子愿意接受的东西，没准儿能化为成长的精神食粮。孩子不愿接纳的东西却硬塞给他们，只会使他们变得扭曲，开始反抗或者蔑视大人。

该这样做还是该那样做，大人不用唠叨。甚至在玩耍的时候，孩子也能自发地拥有上进心。

那时候，经常有孩子来我们这边睡觉。

也没规定非得这样或那样。他们玩累了，就自个儿过来睡觉了。

看着他们的睡着的脸，"培养个性"四个字突然跃入脑海。

有的孩子打着呼噜，睡成一个"大"字。也有缩成一团的，还有非得挨着别人睡的。一看他们的睡相就能明白，所谓培养个性，不过是牵强附会的漂亮话。

我心想，如果非要摆道理，把指导和教育当目标的话，那就先把孩子的睡姿弄明白再说吧。

　　为什么这么说呢？你瞧，每个孩子连睡觉都充满了个性，不是吗？

把《稻草人脸歌》列为世界遗产

　　关于画画歌，还有后话。

　　不记得是什么时候了，我接受了纽约的日本老乡会请我去演讲的邀请。

　　他们让我简单聊几句话。可我不知道远赴美国，在精英集会上说些什么好。没办法，我只好一咬牙，说起了《稻草人脸歌》。

　　"按照日本地图来讲，从关东往北是这么说，而去了关西又换了一种说法。不知道大家老家在哪儿，你们都是怎么说的？"

　　"我们是这么说的。""我们是那样说的。"会场因为这个话题而沸腾了。

　　行业不一样，同行又是冤家，关于这个话题，这些人倒是能聊得起来。那些四五十岁、仪表堂堂的人，对《稻草人脸歌》竟然讨论得热火朝天。

现在想想，觉得那场面挺壮观。

仔细想想，又觉得不可思议。

日本人肯定没有人不知道《稻草人脸歌》的。我知道，在美国或者其他国家，都会玩用本国文字画人脸的游戏。

也不是说我尝到了甜头，但受邀去东京某私立女校演讲的时候，我又聊起了《稻草人脸歌》。过了没几天，那些学生写的感想寄来了一大堆，有的还说了另外一种歌词。

我从来没听过的，试着画了一下，结果一目了然。我马上明白了原因。

照信里说的画出来是个眼睛大大的、樱桃小口的美人。睫毛也长长的，翘起来，真不错。

原来如此。我又调查了一下发现，女中学生、高中生，她们都是这么说的。

就算是玩画画歌游戏，女孩子们也喜欢美女呀。也许这是男女之间的差别吧。

《稻草人脸歌》不过是游戏，连文化都称不上。

乍一看显得不足为奇，可我在调查的过程中，有些明白了为什么会形成不同派别的原因。我感觉就像发现了能够展示孩子们生活文化的珍贵资料。

无论美国还是日本的女子学校，大家分别在不同的地方知道了《稻草人脸歌》，学会了改编歌词，并按照自己的方式乐在其中。

夸张点说，这让我再次意识到人类这种生物果然很有趣。

什么是人呢？不可思议的是不用别人教，人依然作为生物存在，具有社会性。

发现了这点以后，我觉得很高兴。不错，这条路线不错！

看似毫无意义的游戏中，蕴含着当前活生生的人的气息。

我们都不是完美无缺的超人。天真的游戏，天真地乐在其中。人有污垢，也会变老，但游戏中却蕴含着人类生命和生活的文化力，以及洒脱随意的生命触感。

或者说，日本盛行动漫和漫画的原因，从这点上也能看清一二。从过去的鸟兽戏画到浮世绘，日本人就喜欢动手画线条。

明明没什么特别的，可一直被大家热爱和传承的《稻草人脸歌》，我想它正是日本庶民文化的典型表现吧。

作为观察者的记录

指导孩子们画画、玩连环画剧的时候，我想着自己也得多练习绘画和美术，才能去教人家，便抓紧时间去市里的设计教室上课。在工厂上班的间隙，有时候下了夜班，或者刚熬了一天一夜，我仍然会不停地练习。我把这叫武者修行，力争要踏破道场。

靠着一个劲儿地在画展上展出作品，我有机会认识了几位美术家。在那些饶舌多嘴、自我展示欲望强烈的画家中，我被沉默寡言、总是直面对方的内田严和赤松俊子两位的画风，以及观察的姿态所吸引。

和画家丸木俊小姐（原名赤松俊子）以及她夫君丸木位里的相遇，对我来说是一个转机。他们两位最知名的作品是携手创作的《原爆图》。

《原爆图》在全世界巡回展览的过程中，轮到了银座。我去看画展的时候，向他们展示了自己做的连环画剧。"说实话，我现在正在托儿所陪孩子们玩这个。"听我说完，他们马上说："请务必留下记录，要好好记录儿童会的事。"

他们没说为什么要这么做。但我遵从这个启示，开始尽可能地留下记录。

我把每个孩子的不同反应，常见的感想和行动，一条条地记录下来。有时画头像速写，在旁边记录细节，甚至还有他们的请求。例如，阿健不爱说话，但经常照顾幼小的孩子。这对我来说，是个很好的锻炼观察人的方法。

记录的时候，人会仔细观察，然后分析理由和正反两方面。

当时我简直成了记录狂魔。可要是在孩子们面前记录，他们会有所提防。我都是记在心里，等他们走了再飞快地写下来。

就这样，仅凭看无法明白的事渐渐解开了谜底。

我自以为小时候是爱玩的，可川崎的孩子们比我玩的花样还多。

孩子们玩画画歌游戏的时候，不想被大人听到，被大人听到就糟了。开始他们很害羞，不情愿告诉我。慢慢地，可能觉得我是同类，就让我加入了他们的游戏圈子。“可不能被别的大人听到哦。”

观察孩子，如果只是远远地看着，什么也搞不懂，孩子们也不会告诉你。

“什么呀？跟昨天玩的不一样啊。”

你玩得开心，他们也起劲。

“没事的。这样才是对的。”噘着嘴和孩子们争论就对了。

我从来不冲他们发火，或者禁止他们做些什么。我从来不说“快住手”“千万不要这么做”之类的。不光这样，我还和那些捣蛋鬼一起，高高兴兴地玩。“哎呀，真好玩。”

所以他们才拿我当同类。是对是错？该高兴吗？这些都交给他们自己判断。

像这样和孩子们一起尽情玩耍、持续观察的同时，我依然在摸索着连环画剧。

甭管他们喜不喜欢，哪怕随便编个故事也好，至少每周要创作一两部，要不然说不过去。我一直在寻找机会，创作他们喜欢看的故事。

有的同伴给我忠告说，反正那些孩子是来做坏事的，你最好小心点。我心想，去原野上有蜻蜓，跑到河里有小龙虾，可他们还是来托儿所，肯定是对有的事情感兴趣。

编故事的时候，如果只是说"有个孩子在路上走"，像这么简单可不行。"后面有人说，喂，你好呀。回头一看，原来是青蛙。"必须和孩子的探究心对话，刺激他们的好奇心。

如果你编的故事能让他们吃惊，那他们就会乖乖听下去。

觉得无聊，就跑得没影儿，喜欢就听着。孩子们成了我最好的老师，也是最公正的评论家。

孩子的秘密想法

我们托儿所是想来就来玩。我们又没拿工资，也没什么限制。有的家长说别去那种地方，可孩子照样过来。

问他们，为什么来这儿呢？他们只会说，嗯……感觉有点好玩。小孩的词汇量没有那么大。让他们说清楚很难。这么说，是不是他们脑子里什么也没想？事实绝非如此。虽然没法用语言表达清楚，但他们心里想着好多事。

当然，在托儿所除了表演连环画剧，还举办各种各样的活动。有的孩子是冲着这才来的吧。

最受欢迎的是运动会，大概来了五百人。叽叽喳喳，热气腾腾，感觉整个镇上的小孩都来了。

还有一个比较重要的活动，那就是暑假时的幻灯片放映。

那个年代没有电视。把画描在胶片上，做成彩色放映的幻灯片，是当时的孩子最大的憧憬。

我正准备放幻灯片的幕布的时候，最调皮捣蛋的阿健头一个过来偷看。

读六年级的阿健赫赫有名。校长提醒我们，他是学校里最调皮的小坏蛋。那孩子一过来，大家都很提防。无论儿童会还是学习会，都被他搞得乱七八糟。

这可是千载难逢的好机会。等阿健来到身边时，我故意松开手。"啊，糟了。阿健，不好意思，你帮我拉着那边的幕布行吗？"

"好啊。"

阿健爽快地帮了忙。

"谢谢。你可帮了我的大忙。再过一会儿，大家都来了。一起在玄关脱鞋，会弄得乱七八糟。阿健，能麻烦你在玄关看着点吗？免得大家脱了鞋乱放。"

"好啊。我明白了。交给我吧。"

兴冲冲赶来看幻灯片的年幼的孩子，看到学校里手腕力气最大的阿健守着玄关，顿时一片安静。

平时他们总是脱了鞋扔得到处都是。这回听阿健说了句"收拾一下"，他们马上把鞋摆好，比平时懂礼貌多了。就算大人来看着，效果也没这么好吧。

幻灯片放映开始了，但阿健一直守着玄关，自己都没看。可能把这当成了自己的任务。从第二天开始，只要一放学，阿健就常驻托儿所，帮着照顾别的孩子。

像这样，孩子总是会透过某个契机，找准自己的位置，发现真正想做的事。

最开始不知道想做什么，他们才把能量耗费在坏事上吧？但有时就能转到好事上。小孩子就是这样一种生物。他会一直仔细观察大人的举动，心里喜欢，就采取积极的行动。

有一次，学生们看到我在用蜡版做宣传单，他们提出了一个请求。

"让我们用下蜡版吧。"

年轻人可能不知道什么是蜡版。

就是用针型钢笔在特制的蜡纸上写字，制作印刷用的底板，然后用滚轮把颜料刷在上面，就能印刷了。

这就叫蜡版。在复印没有普及的年代，这是最常见的印刷方法了。

我教会孩子们用法以后，把备用的蜡版也给了他们。他们开始发行《儿童报》了。

我一直是这么想的。孩子们按照自己的想法来做就好，我不会过多地干涉细节。但一开始我提醒了一句："报纸上必须刊登新闻。所以，一个世界性新闻，一个川崎的新闻，还有旧市场这座小镇上的一个新闻，把三个新闻全部写完以后，剩下的你们想写什么都行。"

我看了下写好的创刊号。当时正在比基尼岛上开展氢弹实验，也许是从报纸新闻上摘抄的，上面画了小岛的地图，写着"做氢弹实验的地方"。还画了一条线，也许是代表赤道吧。除此以外是旧市场上发生的事，还有漫画和歌曲。

乍一看杂乱无章，没有要领，但这是他们自己选择写出来的东西。"在孩子的生活中觉得好玩的。""想向大家传达什么东西。"

就算写首诗，也会漫出边界。写不完，就撂下一句话，下回分解。

写诗还有下回分解，真是头一回见。

写诗还有下回分解，真不错。

孩子们的作品自由自在，不按常理出牌，我读着也觉得开心起来。真正在做自己喜欢的事的时候，孩子们的能量可以轻松越过大人"应该这么做""应该那么做"所设下的障碍。这让我特别感动。

"这些可都是宝贝呀。"

成长就是静待花开

不管怎样，都要陪孩子们玩。可什么材料都没有的时候，我只能带旧报纸过去，按人数分给他们。

"找到上面的数字，找得多的人赢。预备，开始!"

这么无聊的游戏，孩子们也高高兴兴地投入进去。

睁大眼睛看着分给自己的纸片，"一个也没有呀"，有失望的孩子，也有压根没仔细看就闹腾起来的孩子。"有好多耶。我是第一名!""你的是什么?"我问了一句。原来是广播节目栏。当时没有电视，都是用收音机听广播节目。

这时有个孩子说:"我的更多。""那你的是什么?"我凑过去一看。

原来是股票栏。

股票栏里密密麻麻全是数字。"原来如此，是股票呀。你是第一名。"听我这么一夸奖，那孩子问:"什么是股票?"

"你爸爸现在去哪儿了?"

"日立造船。"

"日立造船就是这个。"

我在造船那栏找了一下，发现上面写着："日立造船，一百几十日元。""你爸爸在这儿工作。那就会每天查一下这个数字吧。"因为是有关自己父亲的事，那孩子格外努力。我记得没跟他说过要画图表，可他竟然像模像样地画了图表，就像股票市场的一样，而且一直坚持了下去。

怎么说呢，哪怕是对学校的学习没什么热情的孩子，只要找到自己真心喜欢的事，都会发生类似这样的奇迹。

我手头这样的例子多得数不清。

川崎托儿所附近有个赛马的训练场。去堤岸玩的时候，能看到赛马奔跑。

就有个对赛马感兴趣的孩子。我也不太懂这方面，但他问了，我也只能简单解释几句。"赛马比拼的是速度。可马毕竟是生物，各式各样的都有。有在下雨的第二天跑得比较快的马，还有在毒辣的日头下跑得快的马。"后来，那孩子开始自己查资料。

下一次去训练场看赛马的时候，那孩子竟然说了专业用语，说某一匹马适合在没有水汽的马场上跑。这让我吃了一惊。

总而言之，孩子们想知道自己生活的世界的真相。

他们想了解世界是怎么构成和运转的，可一直找不到头绪。

不是所有人都对赛马和股票感兴趣。本人没兴趣的时候，大人拽着他，把手扯断也没用。

你可以试着问问那喜欢昆虫的孩子。我想应该不会有喜欢所有昆虫的孩子吧。比如喜欢蚱蜢，喜欢蝉，总有一个让他爱上昆虫的契机。孩子对这方面很精通，连大人也自愧不如。如果有个喜欢团子虫的孩子，问他一句，为什么喜欢呢？你马上就会听到只属于那个孩子的故事。

我认为孩子天生就蕴含这种力量。只要找到入口，他就会顺着深入下去，自己摸索，不断提高。

查找自己感兴趣的资料，深入研究时的满足感，关系到"活着"这件事本身的喜悦感，一眼就能看出孩子的脸变得熠熠生辉。

小孩子这种生物，浑然不知自己身上蕴含的宝藏。但只要让他意识到这一点，他就能凭自己的能量开花结果。

现在学校的老师可能太忙了，顾不上这个。但是关心每一个学生，了解他们的喜好和兴趣点，作为前辈很好地指导他们，是很重要的。

提出千篇一律的目标，在后面拍打屁股，赶着孩子走，只会埋没他们的才华。

"你身上最厉害的宝藏就是这个哟。"

只要让孩子发现这一点，大人用不着鞭策鼓励，孩子也会飞速地成长。

我通过观察眼前这些川崎的孩子，得出了这个经验，并对此深信不疑。

战后的绘本界

战后的绘本和童书，无国籍的东西泛滥一时。

就连众所周知的桃太郎的故事，去讨伐恶鬼占领的岛这个情节，都被认为是军国主义，给孩子看简直是岂有此理。为了迎合这股风潮，开始流行主角国籍身份不明、内容虚无缥缈的故事。

简而言之，由于战争失败，不想再出现"日本"这个元素。

管它流行还是衰落，我都不会卷入得太深。即便是这样，我仍然觉得奇怪。

当时，日比谷有美国驻军开办的 CIE 图书馆，可以阅读英语书籍和杂志。

也有专门的学术杂志，工作上需要查询化学文献时，我经常去那家图书馆。里面也有儿童文化方面的书架，我总是偷偷在那儿看儿童杂志和绘本。

我没有读过瘾，还想了解英语国家以外的情况，就在神田书店预约了俄国与中国的儿童书籍和杂志。

读着那些书，我发现在战争期间，每个国家郁郁不得志、无法发挥儿童文化方面才华的人，在战后都爆发出了积蓄已久的力量。在物质贫乏的时代，印刷和纸张都很差劲，但内容却很精彩。

我注意到一个问题。

比如美国的绘本，出现小学的时候，后面画着星条旗。这并不是民族主义在作祟，只是很自然的事。

俄国民间故事里出现的角色都穿着民族服装，体现了自己国家的特点，这会产生好的结果。

后来我创作了以小达摩为主人公的系列绘本。为什么我会把日本的乡土玩具达摩当作主人公呢？根源就在于当年的这个想法。

我发现杂志上刊登了一本绘本叫《套娃》，以俄罗斯的玩具"套娃"为主角。当时还是"苏联"时代，但里面毫无民族主义的痕迹，却又充满了俄罗斯特有的魅力，是个让人读了感到神清气爽的好故事。

看了这个故事，我心想：哇，好棒啊。从那以后，我脑子里一直有个想法：早晚有一天，我要创作类似这种传统故事的日本版。后来，这个想法终于和达摩这个形象联系在了一起。

说实话，我原本想让天狗做主角的，感觉比达摩好玩。可天狗在国外容易被误会是模仿匹诺曹。达摩大师的法衣在亚洲是橙红色的，而鲜红色是日本的原创。绘本适合用"三原色"这种纯粹的颜色，用红色比较好。红色的达摩也符合当时绘本界的这个法则。

就这样，小达摩系列诞生了。找谁和小达摩互动呢？为此我研究了日本的乡土玩具。目前绘本里只出现了八种，但我其实在全国范围内研究了有二百多种。

绘本里面没有那种帅气又好学的优等生。

有像三年睡太郎这样，平时懒惰、关键时刻发挥惊人力量的孩子；有在一堆人中间躲在角落里、默默笑着的孩子；还有不是威风凛凛的英雄君子，而是连话都说不利落的懦弱的人、默默无闻的人。留意到这些性格的人，然后做成玩具的形式。

像东北地区那种圆头圆身的小玩偶，看起来很简单，表现的是姐姐看孩子，背着宝宝的身影。父母忙着在地里干活儿，只能由小孩来看小孩。虽然只是玩具，却着眼于当时东北民众的生活，这点充满了魅力。

大家都知道，达摩玩具模仿了达摩大师坐禅时的身影。

传说由于面壁坐禅九年，达摩大师的手脚都腐烂了。日本人由此创造出了独特的达摩玩具。可以说玩具也表现了那些默默无言的身影。

小孩子经常观察身边最亲近的父母。

想吃好吃的，想要好东西，可是看着父母拼命工作、吃苦耐劳，就不忍心撒娇使性子了。就算想说什么话，想做什么事，也忍着。这才是孩子的真实状态。

一个劲儿地教导孩子要孝顺父母，到底是为了谁呢？想想那些年幼的孩子，想说的话都憋在心里，父母就不会这么做了吧。

就算一声不吭，孩子也不是看起来那么简单的。

每次想到乡土玩具中蕴含着对不会说话的那些人的慈爱眼神，祖先们的敏锐和见识都让我心里一惊。

也不是说战后的绘本无国籍就不好，但是故意避开我们生活的地方，能刻画人物吗？对此我有所怀疑。

不管你写了多好玩的故事，没有描写人类，孩子们是不会答应的。只靠色彩和图画就想吸引孩子的注意，耍这样的小聪明，他们才不会觉得好玩呢。

就算大人没有想着"让他们玩得高兴"，但只要提供时间和场所，无论在游戏中还是别的什么地方，孩子们都拥有创造快乐的能力。要是我不给他们看连环画剧，他们就没法茁壮成长吗？当然不是这样的。

孩子们自己寻找乐趣，而乐趣将变成能量，加速他们的成长……

这就是生命力。孩子，就是这样一种生物。

川崎那些调皮的孩子让我明白了这一点。从前的大人，可不会像现在这样，事无巨细地照顾孩子。

大人出去干活儿一整天不回来，把孩子扔家里散养，没工夫照顾。孩子想着："爸爸他们该回来了。累了一整天，好可怜。"所以主动打洗澡水，烧好，等着父母回来。

这才是现实生活中的孩子，活生生的孩子。

就像大人有大人的生活，孩子也有自己的生活，并从中感悟和吸取经验。这样的孩子，读着那些不知道哪个国家的虚无缥缈的童话故事，会觉得好玩吗？

"我才不要什么公主呢。"

川崎的捣蛋鬼用行动告诉了我这一点。从某种意义上来说，这是必然的。

我得换个角度重新想想。

这些孩子住在木板屋顶的窝棚里，看着工厂上班的父母的背影长大。我开始想，要是没有深入理解他们的举动，永远也没法做出打动他们的作品。

也许直到那个时候，我才开始慢慢看清眼前这些孩子生机勃勃的身影。

什么是鲜活的题材

在托儿所，有些父母拜托教育系的学生给没及格的孩子补课，有时候还会让他们教孩子写作文。

以那些作文为基础，我最早创作的是《我的妈妈》这篇故事。

说的是做临时雇工的阿姨们的故事。对女人来说吃力的工作，她们不得不有说有笑地干着，因为丈夫死在了战场上。

《骑自行车的爸爸》是《我的妈妈》的续篇，也是以孩子的作文为蓝本创作的。

为了节约公交车票钱，骑自行车去工厂上班的爸爸，死于工地的事故，只有自行车回来了。讲的是这样一个故事。

我心里想，让孩子看这样的故事太残忍了吧。可来托儿所的孩子和连环画剧故事里的孩子一样，父母都在工厂上班。"这就是我呀。""说的是咱们的故事。"孩子们认真地接纳了这些故事。

　　我感觉他们又给我上了一课。

　　近距离看着父母的操劳长大的孩子，早就切身体会到了生活的滋味。

　　在书桌上编的故事当然没法引起他们的共鸣。应该这样跟孩子们说："这就是你们的故事哟。""关于这件事，我是这么想的。"

　　为此，我必须深入了解孩子们对什么感兴趣，想知道什么，关于这一点，要想透彻。

　　而孩子们也开始思考，以后该过什么样的生活。他们很想知道怎么样才能找到头绪。

　　你知道吗？告诉我一点吧。

　　孩子们无声地问着我。就算对方是小孩子，这也是人与人的真正较量，真刀真枪的碰撞。

　　大家都说我是绘本作家，实在是过誉了。追溯过往的经历，我既不是教育方面的专家，也没有学过儿童文化。只是在托儿所这个教育一线的地方，在用图画向孩子们传达信息的过程中，碰巧变成了写绘本的。例外中的例外，偶然中的偶然罢了。

通过这样追本溯源，我发现在一线教育阵地的经历成了创作的基础。

一开始就想着要用自己创作的东西让全日本的孩子"哇"地惊叫起来，或是想办法出版作品推广出去，我从来没有过这样自大的想法。

我只是想创作能传达给川崎托儿所这三四十个孩子的东西，抱着这个念头我坚持了下来。

这就是活生生的题材。我们想看的就是这个。

直到这时，我才得到了那些孩子的认可。

第肆章

人与人的较量——作为绘本作家

《小偷学校》曾经是连环画剧

聊聊创作《小偷学校》时的事吧。

这个故事现在改编成了绘本。它原本是连环画剧，为了展示给来托儿所的那些孩子们。

当时，我忙着公司的工作。作为技术人员，公司鼓励我写学位论文。我是旧制大学毕业的，要想作为技术人员吃得开，必须考取新的学位制的博士资格。

论文的截稿日不断逼近，可我不想因此让儿童会停课。情急之下，我只好在写了一半的学位论文的草稿背面，用黑笔飞快地画了个故事。

就像我之前说过的那样，在绘本界讲究用黄色、红色这样鲜艳的颜色画画，要不然孩子不喜欢。照这么说，那这样的画万万不及格。平时我还会多费点心思，可当时实在没时间涂色，全用了黑色。加上笔画潦草，论文用纸又薄，还不是大开本，只是小小的 B5 纸那么大。

出乎意料的是，孩子们看了都很喜欢。

一山又一山。

村头有一座小偷学校。

——《小偷学校》

毕竟这是小偷的学校呀。

光是题目，就已经很吸引人了。

孩子们都往前探着身子，不断地喝彩。"再讲一遍!""再来一遍!"

哎呀，真拿他们没辙。

没有黄色红色，只有单黑，笔画潦草，纸片薄得要命，可这又有什么关系呢?

因为有比这更重要的东西。"只要有起承转合的情节，又是用心画的，我就会看。"川崎的孩子仿佛在这样对我说。

"再来一遍! 再来一遍!"孩子们连声喊着，眼睛闪闪发亮。"真是部优秀的作品。"比起说这样肉麻的社交辞令的批评家，孩子们的脸上给出了更值得我信任的答案。

所以，即使在现在创作绘本时，我依然把八成的时间分配在构思故事框架上，画画只用两成的时间。可以说这是我的创作理念，要不然就没法让自己满意。

故事框架不行，画面却装饰得很华丽，这样是不行的。也许在大人那里行得通，可孩子们不会真正满意。

话说回来，难道你不觉得《小偷学校》没什么教育意义吗？

即使现在，也真有大人这样抱怨呢。

所以从连环画剧改成绘本的时候，我添了一句话，算是提前打了声招呼："没准儿你会觉得'岂有此理'，但这只是我从猫头鹰那里听来的故事哦。"

歌舞伎里，以《白浪五人男》为首，出现了很多大盗贼，所以我把《小偷学校》改成了荒谬的歌舞伎的形式。就连话剧里也有很多关于小偷的故事。

有种警察捉小偷的游戏。

人物分成两拨，有警察和小偷，一起玩捉迷藏。比起警察，孩子们大多更想当小偷。我查了下资料发现，这好像在全世界都是共通的。

因为当小偷比当警察会更惊险刺激，可以自由地逃跑。

而警察只能在后面追赶。

小孩天然就是这个样子。不光是好事，在游戏中他们还想做点坏事。这就是《小偷学校》受欢迎的原因。

那他们就会失足变成小流氓了吗？当然不会这样。早晚有一天，孩子们会从这样的游戏中毕业。

孩子一定会在游戏中越过这些。

人人都有坏心眼

在我看来，既没有天生的伟人，也没有天生穷凶极恶的人。

想做点好事，趁没人的时候，也想啃两口枝头的苹果。肚子饿了，就会受到诱惑的驱使。人就是这样一种生物。

"正大光明地去偷盗，把对方给杀掉。"这样说的绝对是穷凶极恶的坏人。人大多不会到这种地步。谁都有行善做好事的一面，也有一点小小的坏心眼。

为了不让孩子变成穷凶极恶的坏人，幼年时，当他感到迷惑和烦恼的时候，"我有点小善良，还有点坏心眼，应该往哪边走呢？"大人应该善加教导。"这样可不行。"孩子只有超越了这个困惑的局面，才能成为独当一面的大人、真正的社会人。

　　这才是人类最好玩的地方。没有经过这样的飞越和成长，把有点坏心眼的人一开始就杀掉，社会哪能持续下去呢？

　　不管是谁，都有坏的一面。如果一开始就全让他做好事，就能成为彻头彻尾的好人。这么想大错特错。这样步步紧逼，只会让孩子感到窒息和痛苦。

　　可站在高位的领导，却把这样的对策误以为是"教育"，真让人发愁。自己觉得特别棒，就以为别人也这么想。有这样的想法真让人受不了。话说回来，如果调查这个人的底细，没准儿还真是个坏人，这样反而更让人信服。

　　也就是说，善恶是很难严格区分的。人类这种生物善恶兼有。劈头盖脸地就对人说，你得时时刻刻走正道，我可说不出来。

　　人都会犯错。我也犯过错。该怎样超越和克服，才是问题的关键，也是人类这种生物的优点，不是吗？

一开始就什么问题也没有，顺利地避开错误，这样的人也是有的。知道，然而我不会去做，这才是人格品行的进步。烦恼、克服、成长，我觉得经历了这样的历程更为可贵。

比起不懂善恶盲目长大，明辨善恶而不去作恶并坚持下去，这种更为伟大。

有人说"小孩子是纯洁无邪的天使"，我听了简直后背发凉。有这样的想法和见解，是把自己当成了神的化身吗？我可不敢恭维。话说回来，放任不管，全都会变成不良少年、小流氓，这样说也奇怪。

小孩子，对善恶的分界线并没有那么分明。

在大人看不到的地方，他们可是忙着恶作剧，干点小小的坏事呢。

看到女孩子扮个鬼脸，互相扔泥巴，或者"啪叽"一下，往别人家的墙上一糊，"哇"的一声跑开了。这才是小孩真实的样子。

我总是冷眼旁观。

"住手！"就算你这么说，他们也会接着干的。

"别乱扔。""别玩泥巴。"这么说他们也不听。

别做过火，别受伤，你能扔准我也没办法。我不会对他们说"住手"，做不做自己决定。做的话，就好好想想再去做，想想该怎么做。

我甚至会说："来吧，我教你怎么扔。"

总而言之，我就像《小偷学校》里熊坂右卫门老师的角色。

逃跑和躲藏的方法都很好。

一开始什么也不想就去做也行，不过有时候是会失败的。

这样的话，下次就得想想了。仔细想想，慢慢改变。这样，人才能超越失败。你也是其中的一员哦。

我想传达给他们的是这个。

没有人永远不会犯错，不要从此一蹶不振，也不要放弃，要学会独立思考，超越失败更重要。这才是活着的价值。

大人毕竟只是幕后人员，最好不要唠叨个不停，哪怕消失也好。我是这么想的。不要忘记，人毕竟也是生物。孩子们也想认真活下去，请不要小瞧他们的生命力，要信任他们。

感觉现在的家长有点过度保护，成天瞎担心，过于干涉孩子。我想说的是，大人就把大人的事干好！

大人没有把自己该做的事做好，反而要求孩子想办法，这样可办不到。就像孩子无法替代大人，大人也没法替代孩子。

还是先当个出色的大人再说吧。

这样的话，孩子一定能看到这一点。小孩是一种很优秀的生物，他总是在观察出色的大人，偷偷效仿，努力学习。

成为绘本作家

有一天，我收到了一张奇怪的明信片。

"决定出绘本了。"

寄件人是给托儿所的儿童会帮忙的女学生。来当志愿者的学生来回换，我是上班族，就在他们中间临时顶替一下。"这人在复读，肯定做不长。"我当时这么想。果然不出所料，那女孩儿没多久就辞掉这里的工作，去出版社打零工了。

"决定出绘本了。"既然这么说，肯定是她要出绘本了。没想到她竟然向编辑主任松居直先生推销我的作品，说我在托儿所为孩子们创作连环画剧，特别有趣，最好可以做成绘本。松居直先生已经许诺要出版了。

这个女孩是后来和创作了《古仑巴幼儿园》等作品的堀内诚一先生结婚的内田路子小姐。

而她也是我敬慕不已的画家内田严先生的女儿。

编辑部主任松居直先生最早看到的画不是实物，而是用我在日本美术会独立派展览会上展出的作品印刷成的黑白明信片。

大人和小孩围成一个大大的圈，手拉手跳着盂兰盆舞。松居直先生看了那张画，竟然打算让我这不知来历、没有名气的人画绘本。而对我来说，一张明信片改变了我后来的人生。

"每一个人都栩栩如生。"

当时松居直先生的这句话，对于一直坚持画画、试图向现实生活中的孩子们传达信息的我来说，简直是最高的褒奖。

松居直先生对着从来没画过绘本的我，继续说了一句话："我想请你画贴合时代脉搏的大的主题。"

我以为他会说"给我画民间故事"，或者"出现动物的故事"，没想到他竟然让我画贴合时代脉搏的绘本。这人非同寻常啊。我抱着像上战场一样激动又紧张的心情，接下了这个非做不可的工作。

　　当时我想了三个创意，其中一个是不回来的爸爸的故事。

　　那个时候，日本陷入了狂热的造船热潮中。川崎有家日立造船厂，我经常听来托儿所的孩子们说："爸爸通宵上班，白天也不回来。"

　　恰好赶上日本战后复兴的时代。

　　昭和 25 年（1950 年），朝鲜战争爆发，特需经济景气，让民众陷入了沸腾。

　　坠入谷底的日本经济有所好转，自然是好事。而特需景气的实际情况是，日本成了美国和朝鲜开战的物资和兵器供给源头。从那时起，日本迈入经济快速成长期，突然变得富裕起来。由于这股浪潮的影响，当时很多人被迫在苛刻的环境下高强度劳动。

　　孩子们忍不住哀叹爸爸不回来。

　　川崎还有日本钢管公司，我上班的昭和电工的工厂就在川崎的临港地带。我可是切身感受到了那个时代的气息。

　　第二个创意是有关日本钢管的巨大制铁工厂的情况。这里被人们私下称作"金钱和生命的交换工厂"。还有一个创意是关于停电的。

　　当时，经常一到傍晚就停电。

　　我上班的昭和电工的研究所很简陋，和临港地带的工厂只有一河之隔。

　　一到五点左右，就能听到巨大的响声。

　　那是把火力发电用的煤炭放进去燃烧的声音。

　　而且不是什么好煤炭，烧的是炭粉。还有三十分钟就下班的时候，煤烟从屋顶上"哗啦啦"地涌进来。就算没有落进住宅区，也够麻烦的。

　　一到八点，大家同时用电，这时候往往会停电。保险丝烧断了，家家户户只能用一个电灯泡。我心想，这总得想个办法呀。

　　当然希望不要停电了。每天我都切身感觉到火力发电产生的煤烟太严重了，就想水力发电怎么样。

　　日本的山多，水源也丰富。为了让孩子们了解水力发电，我决定把建设水坝、山里建成发电所的过程画下来。

我把这三个创意说出来，松居直先生让我画大坝的故事。

那就是我在昭和 34 年（1959 年）出版的处女作《大坝建成了》。开头是这么写的：

叔叔们爬到了大山深处的溪流附近。

"怎么回事？怎么回事？"

"在做什么呢？"

山里的野兽和鸟儿都担心了起来。

"好像没有在喝水。"

"也没有捕鱼。"

"那是来捉咱们的吗？"

"不，看样子也不像。"

——《大坝建成了》

建设大坝的事干巴巴的，孩子们会觉得没意思。建设大坝一般都在山上或者森林里，自然资源丰富，有植物也有动物。所以呢，在描绘建造大坝的那些人的同时，我也想试着描写下人和动物的相遇和交流。

矫情点说，就是在描绘人类丰硕成果的同时，想让它充满了诗情画意。

从早到晚都在施工。

白班晚班交替进行。

轮到喜欢浪花曲的叔叔休息的时候，

胡子大叔就该干活了。

"辛苦了。"

"剩下的就拜托了。"

"你辛苦了。"

在山里的野兽沉睡的深夜，

猫头鹰一直睁着眼，

叔叔们也不睡觉。

一直醒着，

走来走去，

不停地干活。

——《大坝建成了》

战后，绘本界无国籍的东西泛滥，反映了人们想尽快忘掉战败记忆的世态。而《大坝建成了》很明显是在描写日本当前正在工作的爸爸们。

建设大坝的时候，大家远离亲人，吃住在工地上。休息的时候，有的给家里人写信，有的累得倒头就睡。

这些男人说话可能有点粗鲁，但是在一不小心就会丧命的工地现场，他们不分昼夜拼了命地工作。

这也是让孩子们哀叹"从来不回家"、在港湾地带的工厂里"三班倒"地工作着的那些父亲们的身影。

也许读了这本绘本，孩子们会想，我爸爸也很少回家，原来他像这样在努力工作呀。

我还去了现场采访。我并不认为采访最重要，只是觉得像自己这样的外行，去下现场，也许能明白点什么。后来我养成了一个习惯，那就是去采访的时候，事先仔细阅读资料，做好充分准备之后，在最终阶段确认是否有错误。

又不是吃朝霞的仙人，我觉得在描写人的时候，不管怎样，都不能虚构。可有时候这样又会卡住，故事没法进行，心里很发愁。所以呢，超出孩子们理解范围的事就用不着说了，只限于孩子们能理解的范围。这之外的，不管是画还是故事，都可以随心所欲地想象了。

所以，不要说些废话，要将想传达的主题集中在一个上面。

在《大坝建成了》里，科学技术和自然不是对立的，而是可以调和的。在昭和 30 年代（1955-1964

年），这还是可能的。

让我高兴的是，这本绘本很受欢迎。到处有出版社邀约，让我在他们家出书。真是让人感激不尽。这样一来，熬通宵也要努力画画了。

就这样，我每天上班，画绘本，"脚踩了两只船"。

作为家庭成员

为人夫、为人父怎么样呢？听到这样的问题，我完全没有自信。绝对是不及格吧。

昭和32年（1957年），我三十一岁的时候，大女儿出生了。

我有两个女儿，我却完全不是现在流行的奶爸。

我知道会遭到责骂，但还是想坦白说，虽然我当着绘本作家，从事和孩子有关的工作，却从来没有陪自己的女儿玩过。

小孩最好的玩伴是小孩。大人不在家，就去追蚱蜢好了。照顾到三岁左右，就可以"放羊"了，让他自己去玩。

进一步说的话，我有非做不可的事，就算有空闲的时间，也不玩……这是我的人生信条。

由于松居直先生的斡旋，我的处女作《大坝建成了》出版了。那是大女儿出生两年后的昭和34年（1959年）。

当时，我在公司研究所的调整课当负责人，主要负责研究费的分配和研究方针的企划事宜。

周末要在儿童会表演连环画剧，抽空还得给出版社画绘本。

该做的事、想做的事堆积如山，光自己的事都忙不过来。

有一个星期天，老婆有要紧事必须出门。我就把年幼的大女儿带到了川崎的儿童会。

当时还留下了照片。女儿一脸的不高兴。

她肯定是想，一到星期天爸爸就不见了，原来是在这儿跟别的孩子玩呀。

女儿什么也没说，但她脸上却浮现出得不到本来应该属于自己的父爱的难过和委屈。

过了几天，广播台的记者来我们家采访。女儿露了个脸。

那记者亲热地说了句:“小姑娘你真幸福啊。爸爸肯定经常陪你玩吧。”

女儿可能忍耐得太久了，噘着小嘴，哼了一声:“一次也没陪我玩过!”

“还真是毫不留情面啊。”这时，我心里才受到了某种触动。

结婚的时候，我就给老婆打了“预防针”，我会优先考虑托儿所的事。对老婆来说，我不是好丈夫，也不是好爸爸。但她好像早就放弃了。没辙，就这么着吧。

星期天要去托儿所，没法一家人在一起。我找了个借口，放出狠话:“你忍一下吧。就当我昭和20年(1945年)已经死了。”

这话说得太直截了当，但却是我的真心话。

只有托儿所的事我没法敷衍了事。一旦敷衍，我的人生又要天翻地覆。

托儿所的活动，对我来说意义如此重大，就算背过身，拒绝一家团圆，也没办法。

我可以把女儿放在托儿所的孩子们中间，和大家一起玩，但我从来不和女儿单独玩。这是昭和20年

（1945 年）以后一直支撑我活下去的觉悟。

我和最近流行的奶爸、奶爷实在是相距甚远。如今想来，真是惭愧。

对女儿来说，我是个多么不讲理的父亲啊。

唯一的例外是连环画剧，在家偶尔也会表演一次。

女儿央求我讲得最多的就是《小偷学校》。

"再来一遍。""再来一遍。"我记得在女儿的央求下，我在我们家的客厅里反复读了好多遍。

一步，一停，

慢慢行。

小偷学校去郊游。

嘿哟！

一步，一停，

慢慢行。

小偷学校去郊游……

——《小偷学校》

大女儿最喜欢这一段。故事她早就滚瓜烂熟了，每次快读到这儿的时候，"终于要念到了，快到了"，她等不及，"扑哧"笑了出来。等真正念到这段的时候，她就手舞足蹈地表演"一步，一停，慢慢行"的场景。这个时候，我也陪着她一起表演。

后来小女儿也加入进来。"一步，一停，慢慢行。"

我们家的"小偷学校"由三个人组成。家里来客人的时候，我们毫不厌倦地当助兴的节目表演给大家看。

年龄不一样，我们还能配合得这么默契，确实不容易。女儿们嚷嚷着"再来一遍，再来一遍"的绘本，我记得好像只有这一本。

还有一件事我永远也无法忘记。我正好在画草图的时候，大女儿来到工作室。我就让她看了下画了一半的草图，问她怎么样。

女儿就说了一句："这画不可爱，不行。"

一问一答，没准儿答得很随便，我却感到像是被闷了一记重拳。

就算不是那种标准的大眼睛小公主的画，至少也得让孩子们喜欢才行。

之前我也让女儿看画了一半的画，大多都会被她批得体无完肤。

"这张画得好，让她瞧一眼吧。"心里这么想着，可半路上就丧失了自信。

马上要到出版社的交稿日期，这样一来可麻烦了，再被女儿否了就难办了。

从那以后，我决定如果找女儿商量，就在构思的阶段。一旦开始画，就再也不让她点评了。

"看不懂我的画，是你的不对。"也许艺术家这样摆架子可以，但画连环画剧和绘本却不能这样。

比起画是不是可爱，更重要的是传达感情和心情。孩子目前在什么状况下，是什么心情。比起用语言，我更想用画面来传达。就算背对着，看不到脸上的表情，这时和演剧一样，也要通过手势、姿势和色调来表现。总而言之，我想画的是充满了生命力的、生机勃勃的画。

大女儿看了我在她两岁时出版的绘本《大坝建成了》，说："原来山是这样的呀。"在没有见过大海的时候读《河川》，看着书本最后的汪洋大海说："大海原来是这样汇集而成的呀。"

那两本书一直搁在家里。可以说是女儿初次邂逅的绘本。

大海！

河流终于汇入了大海。

宽广的、宽广的大海。深深的、深深的大海。

大大的、大大的大海。

海水一眼望不到头的大海。

飞越大海，去更广阔的世界。

——《河川》

从来没见过的东西，没去过的地方，通过我的绘本知道了，还有比这更高兴的事吗？

世界是怎样组成的，人们是怎样活着的，为了帮助孩子们理解这些，作为先出生的、积累了失败经验的前辈，我把自己总结的缩略图递给了他们。

这才是我想通过绘本传达给孩子们的事情。

知道世界的另一面

有人问我，为什么不当职业作家，而是一直在公司上班呢。

我四十七岁辞职，在昭和电工公司当了二十五年的上班族。

想画的绘本、想制作的企划堆积如山。如果没有在公司上班，也许能比现在创造出更多的绘本。

可我还是觉得"脚踩两只船"这个决定是对的。

回头看来，我作为社会人的开端，实在是太过惨淡了。

进公司那一年，发生了昭和电工事件，有行贿嫌疑的社长辞职。

公司里一片混乱。刚进公司，工资就推迟了一两个月才发。

昭和电工的发祥地在千叶县的与津町（现在的胜浦市），从海藻里提取碘是公司事业的开端。也许是不忘初心吧，万万没想到公司竟然用从与津捞上来的海带制作咸烹海味，替代工资发给员工。

面对分得的一大堆海带咸烹海味，我吃饭时也不知道哪个是主食，哪个是小菜。

我忍不住想，这样下去行吗？

就在这时，大学的学弟给我打电话："有个认识的剧作家，打算把昭和电工事件搬到舞台上。他想参观一下工厂。"本来一口回绝就行了，但我想着既然这样，不如干脆弄清楚，到底是怎么回事。星期天，我爽快地带他们参观了工厂。

剧作家叫久板荣二郎，通过这次采访，他后来写出了以社长和他的情妇为主角的剧本《岩头的女人》。

我这人刚进公司就跟社长对着干。

"大家有问题的话，请随便提。"

听社长这么一说，我举起了手。"最近听说了很多传言，我们还能继续工作吗?"区区一个新人，竟然这么放肆。高层们马上紧张起来。社长说："算了吧，算了吧。"

当时有为了复兴遭遇战火的工厂的国库金（政府的特别预算）——管理部门叫复兴金融金库，通称"复金"——但相关的资金没有分给别的工厂，全都进了昭和电工的口袋。报纸上议论纷纷，猜测是不是有什么后门。当时社长是这么回答的："那是复金借出来给我们的，不还也没关系。"

最后，社长入狱了。钱必须还，我们的工资也发不起了。《岩头的女人》里详细写了事情的经过。

正碰上这样的时代，我刚步入社会第一年，就切身

186

体会到了世态炎凉。战后，在那个为获利而加速脚步的时代旋涡中，大人们虎视眈眈，为了活下去，不惜一切。普通方法无法应对的现实，一下子撞到了我身上。

但我那样做，不是单纯出于正义感。

步入社会，成为区区上班族。遇到不合理的事，就要大声说出来。战败后，一切天翻地覆的时候，我就在心里下定了决心。

要是给公司添麻烦的话，就自己承担责任。

什么也不做，事后才说糟糕，以及被人骗之类的，我可受够了。一声不吭，随波逐流，不断妥协，对不起先死去的那些同伴，幸存下来也没有什么意义。

那时的我对上司来说，是个棘手的年轻人。大家都对我有些敬而远之。

"作为管理者你很奇怪呀。要是觉得雇用的人这样说不妥当，欢迎你随时开除我。"

这么尖刻的话，我也能若无其事地说出来。真是个狂妄的家伙。

因为这个，部下倒是很仰慕我。这真是意想不到的收获。

"脚踩两只船"

我在昭和电工公司最早负责的是树脂的研究和工业化。大家都知道，树脂成型后变成塑料，耐热经用，适合做成餐具，于是我们决定生产学校供餐时孩子们用的餐具。

还特地建了工厂，指导劳动人民"三班倒"地工作。

当时，一去托儿所就能听到学生们意气风发地说："要改变劳动人民的意识。"说的没错，言论正确。而我却整天和这些劳动人民打交道。

你们知道有一半劳动人民晚上要上班，下班累得倒头就睡吗？你知道他们觉得什么事辛苦，又为什么高兴吗？从来不想去了解这些，只是说些冠冕堂皇的话，给劳动人民带来不了任何好处。别以为只靠象牙塔里的学习就能什么都懂。

我这么想，其实也是为了警诫自己。

步入社会，在一线阵地上，和遇到的人一起工作才能明白好多事情。

做绘本也一样。不了解社会上的现实情况就去做绘本，是不行的。在了解这些的基础上，从事绘本的工作，这是我的大前提。

都是大人了，老像天真无邪的公子哥儿可不行。甜言蜜语、诡计花招，这些事都必须了解。要不然不光自己的步伐不稳，该给孩子传达的东西也会弄错。我一开始就是抱着这个想法，所以步入社会后被当头浇了一盆冷水，得到了很好的教训。

即便这么说，也没必要到处宣扬世道险恶。

"在世上活着可不容易。"就算没人这么教，人在成长的过程中，早晚也会明白。

顺顺当当没受过苦，寿终正寝，这样当然挺好。可是毕竟生活在社会上，不可能老这么顺利。因为这个唉声叹气，简直不配为人。动物哪怕在恶劣的环境里，也知道随机应变。生而为人，就要做好心理准备，超越所有的困难。

但是，要想"脚踩两只船"，就不能给公司添麻烦。

画绘本这件事我尽量不跟任何人说，一直瞒着。跟别人一样可不行，至少要干别人一倍半的活儿，要让公司觉得，留我有好处。否则就不要当上班族。

刚开始怕露馅儿，我用了好几个笔名。其中一个是现在用的笔名。

　　就算这么小心谨慎，早晚有一天也会露馅儿。如果这样的话，一旦发生什么事，肯定有人说："都怪你在公司外面接私活。"

　　"脚踩两只船"，就要考虑到这些风险。

　　我一开始就觉得，在公司里只出百分之百的力气可不行。再说得清楚点，在公司里出百分之八十的力气，剩下的百分之二十用在别的事上面，有这种卑劣的想法，不要说在公司里没法生存下去，还会出问题。岂止是百分之一百，还要出百分之一百二的力气。工作卖力干得好，不管出什么事，你都有底气冲别人说："怎么，你有意见吗？"

　　要是做不到这一点，就没资格脚踩两只船。还是好好选一样，老老实实工作吧。

　　所以我每天都比别人提前半小时到公司，任何加班都不拒绝。一星期有两三回，带部下去喝酒，听他们倒苦水。连这样的事，我也不偷懒。别人不想做的事我反而抢着干。

　　就算用海带代替工资，我也从来没抱怨过一句。

我甚至在酒席上连珠炮般地冲人事部部长嚷嚷：
"找遍整个日本，哪个公司给的工资能配得上我干的这
些活儿？所以一开始我就没把工资放在心上。"

事实上，在不知情的人看来，我当上班族干得还挺
起劲的。脚踩两只船，成了原动力。哪个我都不偷懒，
打起十二分的精神来干。

有趣的是，我刚进公司就被任命为工会宣传部的
执行委员，负责发行墙报。

墙报要"啪叽"贴到墙上，所以名字就叫"啪叽墙
壁报"。

高中时，我就做了同学间传阅的杂志《斗篷》。大
学时也当年级委员，忙着东奔西跑。仔细想想，我无
论去哪儿，好像都在干同样的事。

人生剩余的时间

作为绘本作家稍稍有点名气以后，电视台也时不时
地请我去做嘉宾。

对我以后具有决定性的是参加了 NHK 的人气节目

《那就是我》。一边当上班族，一边画绘本，可能他们觉得很稀奇吧。节目的主旨是从三个候选人里面挑出真正的那个人。提示是：平时总是乐呵呵的。结果我一下子就被猜了出来。

上司的夫人以前见过我，她正好看了这个节目。有一天，上司把我叫过去，干脆地问道："你是不是有什么事瞒着我？"

我觉得没做过对不起公司的事，就答了句："没有啊。"

"你不是上电视了吗？"

"哦，有时候吧。"

"什么？有时候？还不止一次啊？"

就这样露了馅儿。我早就做好了心理准备，知道会有这么一天。我也没做过什么亏心事，工作也干得兢兢业业。所以只是想着，哦，这一天终于来了。

之所以想四十五岁辞职，是因为一直在公司干到退休的话，我想做的事就干不完了。

当时是五十五岁退休。我提前了十年。

中间绘本的收入超过公司的工资的时候，出版社建议我把工作辞了，做职业作家。

也许有人当时就会做出决断吧。碰巧绘本畅销，就马上和工资做比较，有点操之过急了，下一本不一定会畅销。而且公司的好处是不光有固定工资，还有福利和医疗保险。

作为一家之主，我不能让家人流落街头。正因为我想不紧不慢地耐心创作绘本，所以才无法舍弃当公司职员的稳定收入。

但是到了四十多岁，我开始在意人生剩余的时间。

要想干完想做的事，至少还要花二十年吧。一不小心，时间还有可能不够用的。这样的话，就该在四十五岁辞职。

结果，为了让手头负责的工作告一段落，又花了两三年，才终于圆满辞职。那是昭和48年（1973年），我四十七岁时的事。

做绘本的时候，在公司上班的经历有好处吗？我可以很肯定地说，当然有好处喽。

公司让我明白了社会的两面性。作为社会人，能否行得通，不在世上摸爬滚打一番哪能明白呢？我不想说大话，但你要是瞧不起绘本，当成陪孩子玩的活儿，马上就会被孩子看穿。

正因为陪孩子，那些小聪明和小伎俩才没用。

这是人与人的真正较量。

我一直是这么想的。

"我是这么想的。你觉得呢?"竭尽全力把自己的人格、多年培养的经验和思考完全展现出来，孩子也会给你呼应的。

为此，我无论在公司还是在社会上，都得做个独当一面的大人。

对我来说，在公司上班，就是作为社会人在修行。

对二十五年来雇用我的公司，我心里充满了感谢。

第伍章

写给未来的小朋友

四十年后的续篇

在泉水森林的

黑文字三街的拐角处，

有棵不大不小的树，

上面开着一家面包店。

——《乌鸦面包店》

《乌鸦面包店》是昭和 48 年（1973 年）出版的。

乌鸦爸爸和妈妈，一边壮大面包店，一边养育着四只乌鸦宝宝。兼顾工作和育儿不容易，因为这个原因，面包店最开始倒闭了。

这是一家人集思广益、互相协作、重振事业和家庭的故事。

一旦有非做不可的绘本，我天天都会想着那件事，连做梦都会梦到。有时简直让我的家人哭笑不得。我的大女儿称，画《乌鸦面包店》的那段时间的我若说"灵光一闪"，这表示我一大早心情就很好。

平时从来都没问过，却突然冲着女儿问："你有没有想吃的面包？想到觉得好吃的就说出来。"冷不丁听我这么一问，女儿也想不出。只能说些常见的，最后我都没采用。

我还记得我当时想出了几种面包，一个人在那儿嘟囔着小提琴面包、雪人面包，好像还有飞机面包。像这样的面包，冷不丁被问，哪能一下子想到呢？

托大家的福，去年（2013年）《小偷学校》和《乌鸦面包店》又出了续集。

说是续集，距离原来的绘本已经过了四十年。当年的读者肯定已经当了爸爸妈妈吧。至少也都四十多岁了，这点是毫无疑问的。

越来越多的人给我发来感想，说祖孙三代都在读，真让我心里充满了感激。

绘本都会夹一张读者卡，请读过这本书的读者写感想寄过来。我特别盼着读这些。说实话，最好能挨个和每位读者见面，直接请教感想。但我最近出门不方便，像这样的信息成了联系我和读者唯一的纽带了。

不光是读书的感想，写点多余的事我也很高兴。

对我来说，其实一点也不多余。透过这些，往往能够窥见读者的人生或者某些想法，并常常能引起我的共鸣。

写了信息寄过来的不光是父母。

前几天，就有一个读了《乌鸦面包店》续篇《乌鸦糕点店》感到疑惑的小朋友，提出了这样一个问题："正在起劲地教大家做点心的小耳朵，原来一直笑着，可乌鸦爸爸回来的时候，突然显得很吃惊的样子。这是为什么呢？下一页它又笑了。我就放心了。"

哇，真是佩服。这个问题很尖锐。

如果手头有这本书，请一定要翻开看看。

《乌鸦糕点店》里，爸爸妈妈出门的时候，小巧克力它们看家。和往常一样来买面包的邻居小耳朵，教给巧克力它们怎么烤制美味的曲奇饼干。乌鸦爸爸不知道，回来一看，邻居家的孩子也在，吓了一跳。小耳朵当然也不能乐呵呵的，装作没事人的样子。

不过，看我的书都知道，我不会把书里的形象画得太夸张，让人一眼看出很慌张的样子。乌鸦宝宝们看到爸爸回来了都很高兴，小耳朵不是这家的孩子，表情肯定有些不一样。我画的时候就稍微注意了一下，只有一点点的改变。而这一点点表情、动作的变化，孩子都能发现，看到了细节，问我"为什么只有小耳朵是这种表情"。

大人只看故事情节，容易错过的小细节却逃不过孩子们的眼睛。

这件事又一次告诉我，孩子总是能一眼看穿本质，敏锐的目光不容小瞧。

于是，我这样写了回信："竟然发现了，你可真厉害。还没跟乌鸦爸爸打招呼呢，所以小耳朵没笑呀。"

只要是喜欢的绘本，孩子连边边角角都不会错过。小朋友们这么认真地对待，作为画绘本的人来说，实在是画值了。

我又想起了《101个蝌蚪宝宝》出版时小读者写来的信："我数了数蝌蚪，数了好多遍，都是102个。"

既然说是《101个蝌蚪宝宝》，不是101个蝌蚪那可太奇怪了。为什么会出现这样的情况呢？印刷的时候，我多画的那个蝌蚪宝宝，印刷厂的师傅出于某种考虑没有裁掉。

我心想，哎呀，这下可完了。

差不多的蝌蚪我画了一大堆。"哇，好多蝌蚪呀。"大多数人都会这么想。

而有的小朋友却要挨个数一下，看看是不是真的有101个。

还用说吗，下次印刷的时候，当然去掉了多余的，变成了真正的101个蝌蚪宝宝。

世界的某个角落

都说我擅长画密集的场面。

绘本的一个跨页上，画了排列整齐的各种各样的面包。来面包店做客的乌鸦们，每一只都画得不一样。乌鸦的羽毛可不全是黑色的，像四个乌鸦宝宝，就是茶色、红色、黄色和白色的。续集里出现了更多不同颜色的乌鸦。

乍一看差不多，却有点不一样，这个很关键。所谓多样化，也是社会的特点。

就算不懂这个道理，小朋友们也会自然地被这样的画面吸引。

有时候，他们一边用小手指着，挨个确认，一边和读绘本的爸爸妈妈对话。

《阿步去哪儿了》就是这样的绘本。在百货商店、游乐园这样有很多人的地方，寻找迷路的阿步。有很多东西、很多人，这正是孩子了解目前所处社会的最早的入口。

我为什么要反反复复画人群呢？因为我从来不认为自己是世界的中心。

这个世界多姿多彩，而我就在某个角落里。

不是蝌蚪宝宝，但也在某个眼看要崩塌的角落或者边缘。

我想说的是，角落亦世界。

不见得在正中央最威风，角落里也有人在努力活着。

这也是孩子们教给我的。

幼年时感兴趣的东西多种多样。

男孩子过了三岁，开始对虫子感兴趣，但绝不是喜欢所有的昆虫。昆虫里最喜欢什么？很快感兴趣的东西就会分散，比如蜻蜓、蚱蜢或是蚊子。

而且也不是喜欢所有的蜻蜓，有喜欢大蜻蜓的，有喜欢小蜻蜓的，还有喜欢看起来像蜻蜓的豆娘的。

希望小朋友们按照自己的兴趣，熟读儿童版昆虫绘本，了解更多的知识。

我遇到很多小朋友，他们想更深入地了解，可是市面上只有针对大人的专业书籍，只能就此停了下来。

我在创作绘本时脑海中浮现的是，在探索感兴趣的对象的过程中，来到了世界某个角落的孩子孤零零的身影。

据说"科学"的意思是"区分、分类"。只是分类的话，对活着这件事本身没太大用处吧。就算你再了解昆虫，那也不过是零散的知识，顶多算你知识渊博而已。

如果孩子喜欢豆娘，那豆娘对他来说，就是了解世界构成的关键钥匙。孩子将会通过豆娘，来绘制自己生活的"世界地图"。

画科学绘本的时候，我总是这么想。

这样的话，就不要用零散的知识点来讲解。能不能想办法向小朋友展示和说明豆娘与世界之间有机的联系，想办法激发小朋友的自主性，扩大他们的理解圈？为了达到这个目的，作为一个门外汉的我，厚着脸皮创作了三百多个主题的科学绘本。

为什么？为什么？靠这个速度怎么也赶不上小朋友们的好奇心。他们感兴趣的东西至少有上千种。

而主动想去挑战和探索的孩子，整个日本充其量也只有两三千人吧。我总是在思索能不能让孩子们在童年有更大的发展，能不能回应他们充满无限可能的兴趣。

描绘示意图

我最早画的科学绘本是《河川》。

河流汇入大海，所以我后来又创作了《大海》。

接着我画了有水的天体绘本《地球——探索内部的奥妙》，还有《宇宙——了解其中的奥秘》。

我一边画一边思考。比如关于河流的绘本，河水流动，从上游流到下游，河水一般不会逆流，如果逆流的话，必然有重大的原因，因此要阐述这个原因是什么。就这样，按照顺序不断展开思考。

不是说突然冒出来一个新奇的想法，而是从小朋友都知道的事情开始，不断地展开。这样一来，就慢慢明白了研究的方法。

《河川》是昭和 37 年（1962 年）出版的，正好是聚焦公害问题的那一年。有人提议把这个内容也编在绘本里。可河流污染是当年的时事问题，而小朋友还要再活几十年，把现在得出的结论强行塞给他们，很快就没用了。

绘本不是传达给孩子当前信息的工具。

我想传达的是河流更为本质的、几十年以后也不会改变的基础事项。

也许可以用一句话来概括，那就是画示意图。

想要理解未知的东西，只靠文字或语言，有时候比较困难。画图就容易理解了。

怎样画有助于理解事物构造或过程的简单而又朴素的图呢？

对建筑师来说就是设计图。如果画得不准确，反而会产生混乱。

这个时候尤其要用孩子的眼光和感觉，让自己明白是关键。只要抓住了本质，不用非得画多么高深的图。

重要的是我们共同享有理解事物的这个过程。

所以，不要用晦涩难懂的语言，而是用简明易懂的图表或图画来表现。这就是我说的画示意图的意思。

创作绘本的过程中，我最煞费苦心、不惜耗费时间和精力的地方就在这里。把地图（示意图）——了解世界的线索，交到这些担负未来的孩子们的手上，我一直抱着这样的心情在创作绘本。

我决定在《宇宙——了解其中的奥秘》中，描绘一百五十亿光年的宇宙的身影。为了争分夺秒地绘制，我不惜从工作了二十五年的公司辞职，专门建了一间工作室来收集堆积如山的资料。

创作这本绘本的时间，正好和世界各国争相进行宇宙开发的阿波罗计划的时期重合。我恳求专家们告诉我时刻变化的最新见解。而为了把挑战更高更远的人类睿智的身影准确地落实在绘本的三十个场景中，我花了七年的时间。

创作 2011 年出版的《万里长城》，我不夸张地说，确实花了三十年的时间。

需要这么久的时间，不光是因为它在地图上巨大的规模。

我从很久以前就觉得，要想描绘中国，必须熟知中国的历史。但很少有可供参考的资料。

这本书出版前经历了一系列波折。预定是配合2010年上海世博会的时间出版发行，结果企划本身泡汤了。看来只能自费出版了，我豁出去打算自掏腰包的时候，收到了出版人松居直先生的邀请："不如在我们社出吧。"由于其他问题出版又遇波折的时候，松居直先生从背后推了我一把："加古先生，你可不能等着，凡事要往前走。"结果三月份又地震了。

纸张和油墨匮乏，这下可怎么办？我还担心了一段时间。不管怎样，六月份终于出版了。

说到万里长城，人们都会被其全长两万多千米的规模和气势所震撼。我仔细调查资料后发现，长城不光是古代国与国之间的边界线。

如果它只是防御外敌入侵的要塞，为何不同民族的首领在长城部分崩塌后，要反复加固增修呢？

这不是一堵普通的墙壁，还有马市、茶市各种市集，发挥着为不同民族的人们提供交流场所的作用。

这堵长长的"城墙"，化身为欧亚交流的桥梁，连接了东方和西方。看起来像是隔开不同民族的分界线，却又承担着让不同民族互相交流的市场的作用。哇，怎么会这样？对此我感到非常震惊。

当你从不同的地方和角度看世界，描绘的地图也完全两样。

例如，如果要把家画出来，大家会画出个什么样的家呢？

有屋顶、地板、窗户和出口。截止到这里，从建筑上来说都是必要的。

那么浴室呢？有的厕所是公用的，还有的没有厨房。

"家就是这样的。"画出来以后，有人会说："看来我住的不叫家。"实在是好可怜。

去中国的时候，听人说："我们那儿的厕所都是用石头搭建的。有的孩子觉得只要能挡风雨的地方就是家。"我心里一惊，啊，原来在这些方面也不一样。

我一直觉得自己是一大群人中的一个，总觉得自己现在还是个在角落里拼命努力活着的小孩子。

有人是一条直线，直接冲向本质。而我一直在角落里，透过身边触手可及的事物，慢慢向本质靠近。

哪怕是在角落里看到的世界，只要努力，也能到达这个世界的本质。

我想，要是创作绘本的时候，能一直保持"我是边缘人物代言人"的心情就好了。

地震与核能发电

东日本大地震发生的时候，我正准备《儿童的仪式，自然和生活》系列的出版。

这个系列网罗了从一月到十二月每个月的节日和仪式。我着急要把九月份的找出来，因为九月一号是防灾纪念日，书里提及了关东大地震和阪神淡路大地震。

稿子都已经交了。但我跟编辑商量了一下，又拿回来，增加了东日本大地震的相关内容。考虑到在向孩子们传达地震和防灾知识，东日本大地震绝对不能漏掉。

尤其是福岛核电站泄漏事故，作为学科学的无名小辈，我感到很惭愧。

看着新闻里的影像，我感到一直担心的事终于发生了，在我们有生之年都无法解决的问题发生了。

二十年前，我在《连科学家都震惊的游戏》这本书里，提及爱因斯坦的时候，列举了原子弹爆发以及核能发电的事。

恰巧我上班的公司在生产用于核能发电的重水（包含重氢的水，用于原子炉的冷却）。研究所里就有个原子能室。我也负责里面的管理，多少学习了一点。

发生地震以后经常能见到的原子反应堆图，我早在这本书里就画出来过。当时我也想多写点，可惜感觉数据不足。

核燃料废弃物的高额处理费该怎么解决？万一发生事故怎么办？我查了好多资料，也没发现哪本书里有写。为什么这么重要的数据哪里都没有提及呢？这些问题没有解决，竟然断言可以抗衡水力发电，作为企业来说，无论从经济层面还是效率方面都让人觉得奇怪。

说实话，后来有人通过某种渠道，连续三次邀请我画绘本，来告诉孩子们核能发电有多好。

"我很乐意帮忙。但是我需要知道一些数据，请把数据给我。首先我想知道具体的数字。"我这样回复以后，这件事从此石沉大海。

在现场从事核电工作的人里，肯定有见解高明的专家。但是福岛为什么只能做出那样的判断呢？政治利益和金钱的驱动导致了灾难的发生，影响一直持续到现在。

如何处理核能发电的问题，影响到孩子们的未来。对这个问题避而不谈，没有任何意义，也会偏离问题的本质。

让我来说，现在正是发挥人类的聪明才智去解决问题的时刻。而大人们却像战争期间一样，一味地避重就轻，不公开，不说明，导致"神话"和"秘密"横行。

我心里捏了把汗。战败时付出那么大的牺牲，现在岂不是在重复同样的错误？

回头想想，我作为绘本作家出道的处女作《大坝建成了》讲述的就是建造大坝水力发电的故事。

昭和30年代（1955-1964年），创作那本绘本时，我是这么想的：水力发电是非常完善的技术，水力发电才是最适合日本的技术。

遗憾的是，在日本建造大坝已经到了极限。通过读者来信我知道，世界上还有其他国家把能源的未来寄托在水力发电上。

"我丈夫下次要去印度尼西亚建造大坝，您要来看看吗？"

收到来信的邀请后，我去了现场采访。

德国、法国和世界银行出资建造的水力发电所在地下，外面看不出来。这样就不会破坏自然景观了。这样真好啊，这种方法要是能推广到其他地区就好了。

现在水力发电的技术和昭和 30 年代（1955-1964年）相比，取得了飞跃性的进步。这让我感到备受激励。

昭和 63 年（1988 年）我又出版了绘本《建造大坝的父亲们》。那本绘本得了土木学会的著作奖。对我来说，这是一段亲眼见证人类聪明才智的宝贵经历。

人类一掌握了新技术，就期待着能一下子解决当前所有的问题。但是这种期待很渺茫。不管多么优秀的技术，都有能解决的问题，也有不能解决的问题，并不是万能的。

就拿最近来说吧。山中伸弥博士因为 iPS 细胞荣获诺贝尔奖时，受到万众瞩目和期待。甚至有报道说如此一来长生不老都将成为可能，得出这样吸引人眼球的结论，还真是够心急的。

关于原子能也一样。当时，有很多人都很期待原子能可以用来开拓崭新的未来。但爱因斯坦给出"这个太棘手了，还是算了吧"的忠告。在一辈子研究放射能的居里夫人以后，认真的研究者付出牺牲得到的研究成果，到底要被带向何方呢？

发生了那么严重的事故，还在继续期待核能发电，到底原因何在？

在研究所的时候，核能也是我的研究对象，因此多少了解一些。四十年过去了，所获得的技术范围、能源效率、经济可行性、研究成果等和那时相比，没有任何进步，但仍然有巨额投资，到底是为什么呢？

写给担负未来的孩子们

我作为联合国教科文组织的讲师，去了印度尼西亚、越南、老挝、巴基斯坦、菲律宾、中国等许多国家。每次我都是这样打招呼的：

"说实话，少年时穷途末路，我曾经想过当军人。幸亏视力不好，没当上兵，也开不了飞机，才没给各位的国家带来伤害。但当年如果真的从军，不知道会犯下什么罪行。今天我特地来给大家道歉。"

不管在哪个国家，这么说大家都很高兴。

不用做敌人互相仇视真好，像这样作为朋友相见真好。说这番话，包含着这样的意思。

此外，我也想再度拷问和确认自己活着的意义。

改为：昭和 20 年（1945 年）对我来说，是生而为人的终结，也是新的开始。

拼命思考才终于想出的以为是唯一的人生道路，竟然大错特错。

当时的后悔、惭愧、无知和错误导致的羞愧，我永远无法忘记。

在错误的路上，我横冲直撞，撞得头破血流。

犯下这样的过错，我没法装作若无其事的样子。不然的话，还会重复同样的错误。如此一来，落下悬崖再也无法补救。

我总是谨慎行事，多加思索，留心不要犯下同样的错误。但我依然不敢断言，以后再也不会犯错。

现在的时代总让我感觉形势有些险恶。

例如，如果描绘原子弹爆炸，相当于要描绘战争。

不是说支持哪一方，敌人和同伴，改变立场，便是"公说公有理，婆说婆有理"。只要使用原子弹，就会开战。我想画的是战争的本质，应该怎么解决问题。

我一直想着一定要出版关于战争的绘本，非出不可。但每次写下企划，没多久就主动作废。直到现在也没有出版。

为什么会爆发战争呢？仔细想想，最后总要扯到经济上来。最终我总是在思考，该如何向孩子们简明易懂地解释什么是经济的问题。

我曾经拜访过著名的经济学家，请求指教。

不愧是专家，关于每种现象，他都为我进行了详细的解说。但我感觉并没有触及人类的问题。后来，朝鲜战争、雷曼事件、伊拉克战争的经济学分析及详细的收支对比公开发表，但是所有预见、风险回避和阻止都没有取得任何成果。怎么会这样呢？

战败后过了将近七十年，我竟然还没有绘制出准确的关于战争、反战的绘本示意图，真是无比羞愧。

不知道我还能活多久。还来得及吗？

但我一直想着无论如何都要在有生之年做出来。

从前的孩子和现在的孩子，要说不一样，确实大不一样。但那只是生存的场所、时代本身的区别，本质上的东西并没有太大改变。

最近都热炒什么全球化，让孩子从小学英语。可在学习英语之前，要让孩子打好基础，有活下去的生命力，剩下的就靠他们自我提升了。

不管怎样，孩子现在活生生的，以后也要继续走人生路。大人只要默默地给他加油就行了。

不要用大人的尺度来衡量孩子，让他们配合你的尺度，那样他只会和你差不多，没有超越你的能力。

我一直认为活着本身就是喜悦。但是作为社会性生物，无法避免生命中伴随的苦痛。

那个时候，只顾着逃避可不行。一定要直面苦痛并超越它。

所以，我希望孩子们不要听别人说才去做什么，而是要拥有独立思考、自己判断的智慧。

例如，看到翩翩飞舞的蝴蝶，会觉得它活得很轻松。随便产个卵，剩下的就不管了。看起来很潇洒，但我渐渐明白实际上并非如此。

读了研究生物的中村佳子小姐的书，我感到很震惊。

枯叶蝶在柑橘科的植物叶子上产卵。每个卵产在哪片叶子上妈妈早就决定好了。妈妈早就选好了适合自己孩子特点的树叶。为此要啃点树叶，把树汁粘在脚边的毛上，进行分析。

所谓生态系统，就是像这样，生物间互相确定好彼此的位置，共生共存。

只有人类漠视这种法则，旁若无人，胡作非为，怎么会不出问题呢？

据我猜想，到2050年左右，地球上的人口会到一百亿左右。

到时候生存可就变得很难了。

能源和食品问题当然存在，而人类为了自己的生活会过度砍伐树木——曾经依赖于植物，人类才生存到了现在。如今要颠覆这个基础，无异于作茧自缚。作为社会性生物真让人羞愧。

人类早就该学会谦虚了，却还为鸡毛蒜皮的小事互相敌对。我甚至觉得人类会是最先灭亡的物种。

这么说的话，肯定又会被人简单粗暴地当成文明论的观点。我认为已经到了该思考如何具体地解决人类未来生存问题的地步了。

移民到火星就行了。说得倒轻巧。问题是地球变得适宜人类这种生物生存，可是花了三十八亿年呢。等到火星能够居住，大概也要用这么久吧。

继续折腾下去，没准儿太阳都消亡了。

我不是在威胁大家，只是希望孩子们清楚地知道自己是什么，是什么样的生物。

希望孩子们凝望自己所处的社会，仔细观察，把它变得更好。

也许现实很丑陋。

但那只是目前的现实。现在怎么生活，决定了是否可以改变未来。

活着便是喜悦。

活着本身，特别好玩。

在无法相信任何人、被现实打击到人生谷底的绝望时刻，是孩子们让我明白了这一点。他们从游戏中获得蓬勃的生命力，按照自己的方式成长。孩子们的身影，是我生命的指针，活下去的原动力。我靠着他们才走到了现在。

所以我才希望孩子们能尽情感受生命的喜悦。

睁眼看看这个世界，真正理解并爱上它。

然后拼命努力，把自己生活的地方改变得更好，以更好的形式亲手交给下一代的孩子。

希望他们千万不要犯下同样的错误。

我衷心地祈祷着。

后记

　　每次收到杂志采访或新闻报道的邀约时，总是被问到为什么会创作绘本。每次我都用心回答。但毕竟版面和时间有限，或者对方准备不够充分，总觉得结果不是特别满意。

　　这次和以前不一样，编辑部给予了充分的时间，希望我谈一谈关于孩子的话题。回答这个开放式的问题，就不得不提到我作为和儿童、成长问题八竿子打不着的门外汉，是怎样遇到那些多姿多彩的孩子，从而找回了迷失的人生目标，汲取了生命力的整个过程。

　　是否要把在物质和精神都贫乏的年代长大的经历，和在变幻莫测的时代中经历的让人羞愧的失败，以及对自己愚钝无知的悔恨讲出来，对此我感到有些犹豫。但是故乡山清水秀的自然和浓厚的人情味，共同经历了昭和初期东京北部地区经济不稳定和生活困难的人们之间的互助互爱，战争期间在极端困难的情况下仍致力于情操艺术教育的老师，战败后被美军占领的混乱期间为我们举起迎接未来明灯的前辈先贤，以及出版界的专家给我的教导，让我超越了这些难关阻碍。

请恕我把这些恩情讲出来，要不然就没法说清楚我和孩子们之间的关系。

我和孩子们的关系不是偶然的积累。为了回报孩子们的恩情，请允许我为处于痛苦和逆境中的年轻人以及未来的孩子喊一声加油，献上衷心的祝愿。

我不善言辞，龙晴巳、鸟岛七实两位花费了一年多的时间，巧妙地引出这些内容，并把口头禅"我"这个自称按顺序重新整理好。还有准许转载已经出版的这些内容的出版社，请允许我向各位致以衷心的感谢。

加古里子

图书在版编目（CIP）数据

大人，你不懂孩子 ／（日）加古里子著；梅英译. — 济南：
山东人民出版社，2023.12
ISBN 978-7-209-14670-8

Ⅰ. ①大… Ⅱ. ①加… ②梅… Ⅲ. ①家庭教育 Ⅳ. ①G78

中国国家版本馆CIP数据核字(2023)第102624号

Illustrations by KAKO Satoshi
Photographs by YAMADA Mami
Editorial Assistance by TAKI Harumi
「未来のだるまちゃんへ」（加古里子）
協力：福音館書店
MIRAI NO DARUMA-CHAN E by KAKO Satoshi
Copyright ©2014 KAKOSATOSHI
All rights reserved.
Original Japanese edition published by Bungeishunju Ltd, in 2014.
Chinese (in simplified character only) translation rights in PRC reserved by Beijing Double Spiral Culture
& Exchange Company, under the license granted by KAKOSATOSHI, Japan arranged with Bungeishunju
Ltd., Japan through BARDON CHINESE CREATIVE AGENCY LIMITED,Hong Kong.

本书中文简体版专有出版权由KAKOSATOSHI授予山东人民出版社出版。
未经出版社许可不得以任何方式抄袭、复制或节录任何部分。

山东省版权局著作权合同登记号图字：15-2023-72

大人，你不懂孩子
DAREN NI BUDONG HAIZI

〔日〕加古里子 著　　梅英 译
责任编辑：张波　　特约编辑：唐浒 申海 张敬钰
装帧设计：苏州揽星设计有限公司 包文婷

主管单位　山东出版传媒股份有限公司
出版发行　山东人民出版社
出 版 人　胡长青
社　　址　济南市市中区舜耕路517号
邮　　编　250003
电　　话　总编室（0531）82098914
　　　　　市场部（0531）82098027
网　　址　http://www.sd-book.com.cn
印　　装　固安兰星球彩色印刷有限公司
经　　销　新华书店
规　　格　32开（145mm×210mm）
印　　张　7.5
字　　数　120千字
版　　次　2023年12月第1版
印　　次　2023年12月第1次
ISBN　978-7-209-14670-8
定　　价　58.00元
　　　　　如有印装质量问题，请与出版社总编室联系调换。